1. Auflage 2002
ISBN 3-89883-031-4

Grafische Gestaltung	Verena Fleischmann
Rezeptfotos	Walter Cimbal
Foodstyling	Monika Schuster
Rezeptbearbeitung	Monika Reiter, Simone van de Voort
Redaktion	Beate Pfeiffer, Edelgard Prinz-Korte
Herstellung	Karin Mayer, Peter Karg-Cordes
Lithografie	inteca Media Service GmbH, Rosenheim
Druck & Bindung	Mohn Media · Mohndruck GmbH, Gütersloh

In Zusammenarbeit mit dem Bayerischen Fernsehen und
der TR-Verlagsunion GmbH, München

Besuchen Sie uns auch im Internet unter www.zsverlag.de

Alfons Schuhbecks

Noch mehr Hausmannskost *für* Feinschmecker

ZABERT SANDMANN

Inhalt

Heute asiatisch essen, *morgen italienisch oder vielleicht doch lieber zum Griechen gehen? Die internationale Küche findet man inzwischen an fast allen Ecken jeder größeren Stadt. Doch, wo gibt es den besten Schweinebraten, schön saftig und mit einer knusprigen Kruste? Wo bekommt man diesen einzigartigen Kartoffelsalat mit frischen Zwiebeln und Schnittlauch? Oder ein feines Apfel-Blaukraut? Fast alle haben darauf nur eine Antwort: Natürlich zu Hause – bei der Mutter.*

Hausmannskost ist für mich zeitlos, *kein kulinarischer Trend kann sich auf Dauer dagegen behaupten, keine noch so raffinierte neue Mode wird jemals das Gewohnte, das Herkömmliche, das Ursprüngliche verdrängen. Das hat einen ganz einfachen Grund: Jeder Mensch hat seinen eigenen Geschmack und der wurde von frühester Kindheit an geprägt. Hausmannskost ist das, was die Mutter früher gekocht hat und auch schon deren Mutter, was sich im Verlauf vieler Jahrhunderte weiterentwickelt, verändert und verbessert hat. Deshalb schmeckt Hausmannskost auch so besonders gut.*

Für dieses Buch *habe ich mir viele traditionelle Rezepte angeschaut, vieles nachgekocht und hier und da auch verfeinert. Denn: Vieles, was überliefert worden ist, ist nicht mehr so ganz zeitgemäß. Die Rezepturen habe ich deshalb ein wenig angepasst, um den heutigen Essgewohnheiten und Ansprüchen an eine gesunde und ausgewogene Küche gerecht zu werden. Das fängt mit der Hitze beim Garen an – die sollte eher mild sein, um die Produkte zu schonen –, und hört bei den Gewürzen auf. Frische Kräuter zum Beispiel sollte man erst kurz vor der Verwendung schneiden und zum Schluss in das fertige Gericht geben, denn sonst verlieren sie ihre Kraft, ihre Wirkung und damit auch ihren unvergleichlichen Geschmack. Das ist nur einer von vielen Tricks und Tipps, die ich Ihnen in diesem Buch verraten werde.*

Denn ich möchte *vor allen Dingen eines: Meine Hausmannskost für Feinschmecker soll leicht zum Nachkochen sein. Damit Sie sich, Ihrer Familie oder Ihren Freunden etwas Gutes tun können. Noch ein Wort dazu: Achten Sie bitte auf die Qualität Ihrer Produkte. Nur wer gute und frische Ware verwendet, kann auch gut kochen.*

Vieles wird Ihnen *in diesem Buch bekannt vorkommen, manche Rezepte werden Sie auch an Ihren Urlaub erinnern und Sie werden sich fragen, was Ravioli, Reiskrapfen und Oktopusgröstl mit Hausmannskost zu tun haben. Ganz einfach: Auch die Italiener, die Asiaten oder die Griechen wissen, was gut ist: Nämlich ihre eigenen überlieferten Rezepte. Denn der wirkliche Feinschmecker is(s)t überall zu Hause.*

Ihr Alfons Schuhbeck

Salate & kleine Gerichte

Marinierter Miesbacher

4 Miesbacher (oder 2 Romadur)
2 Schalotten · 400 ml Gemüsebrühe
2–3 EL Balsamicoessig
80 ml kräftiges Olivenöl
6–8 getrocknete Tomatenhälften (in Olivenöl eingelegt)
2 Rosmarinzweige
2 mittelscharfe, kleine Chilischoten
2 Streifen unbehandelte Zitronenschale · 8 frische Basilikumblätter
Pfeffer aus der Mühle

Für 4 Personen

1 Den Miesbacher in je 3 Scheiben (oder den Romadur in je 6 Scheiben) schneiden und in eine entsprechend große, flache Form legen.

2 Für die Marinade die Schalotten schälen und in dünne Scheiben schneiden. Die Gemüsebrühe mit Essig und Olivenöl gründlich verrühren und auf die Käsestücke gießen.

3 Die getrockneten Tomaten abtropfen lassen.

4 Tomaten, Rosmarinzweige, Chilischoten, Zitronenschale, Basilikumblätter und Schalottenringe rund um den Käse verteilen und das Ganze mindestens 30 Minuten marinieren lassen.

5 Kurz vor dem Servieren mit reichlich Pfeffer würzen.

Ziegen-Aprikosen-Topfen

1 kleine rote Zwiebel
7 getrocknete, weiche Aprikosen
2 EL Sonnenblumenkerne
350 g Ziegentopfen (ersatzweise 250 g Sahnequark und 100 g Ziegenfrischkäse)
80–100 g Sahne
1 EL braune Butter
1 EL Akazienhonig
Salz · Cayennepfeffer
2 EL Schnittlauchröllchen

Für 4 Personen

1 Die Zwiebel schälen, halbieren und in kleine Würfel schneiden. Die Aprikosen halbieren und ebenfalls in kleine Würfel schneiden. Sonnenblumenkerne in einer Pfanne bei milder Hitze ohne Fett hell anrösten und abkühlen lassen.

2 Ziegentopfen mit 80 g Sahne, brauner Butter und Honig glatt rühren. Falls nötig, noch etwas Sahne dazugeben. Mit Salz und Cayennepfeffer würzen. Zwiebel- und Aprikosenwürfel sowie Schnittlauch unter die Käsemasse heben, nochmals abschmecken, in eine Schale füllen und zum Schluss mit Sonnenblumenkernen bestreuen. Dieser Aufstrich passt gut zu kräftigem Bauern- oder Vollkornbrot.

» Braune Butter erhalten Sie, wenn die gewünschte Menge Butter in einem kleinen Topf bei mittlerer Temperatur langsam erhitzt wird, bis sie goldbraun ist und ein nussiges Aroma hat. Die Butter durch ein mit Küchenpapier ausgelegtes Sieb gießen. Zugedeckt hält sich die braune Butter im Kühlschrank mehrere Wochen. «

Obatzda mit Birnen und Croûtons

Für die Croûtons:
2 Scheiben Toastbrot
30 g Butter · 2 EL Öl

Für den Obatzdn:
1 reife, feste Birne
5 Lauchzwiebeln
250 g reifer Camembert
250 g Frischkäse · 3–4 EL Sahne
2 cl Williamsbrand
2 EL Schnittlauchröllchen
Salz · 1 Prise Cayennepfeffer
1 Prise frisch gemahlener Kümmel
braune Butter zum Abschmecken
(siehe S. 10)

Für 4 Personen

1 Für die Croûtons das Toastbrot entrinden, mit einem scharfen Messer die Scheiben noch einmal durchschneiden, in 1/2 cm dünne Streifen und dann in möglichst kleine Würfel schneiden. Butter und Öl in einer Pfanne bei mittlerer Temperatur erhitzen, Brotwürfel dazugeben und hell bräunen. Auf Küchenpapier abtropfen lassen.

2 Für den Obatzdn die Birne schälen, entkernen und in sehr kleine Würfel schneiden. Die Lauchzwiebeln putzen, waschen und in dünne Scheiben schneiden.

3 Den Camembert klein schneiden, kurz stehen lassen, damit er warm wird. Mit Frischkäse, Sahne und Williamsbrand cremig verrühren. Birnenwürfel, Lauchzwiebeln und Schnittlauchröllchen unterheben. Mit Salz, Cayennepfeffer, Kümmel und brauner Butter abschmecken.

4 Zum Anrichten den Obatzdn mit den Croûtons bestreuen. Zusätzlich passen noch gut Birnenspalten dazu.

Haxerlsülze mit Meerrettich-Mousse

Für den Sülzenstand:
1/2 Zwiebel
1 Lorbeerblatt · 2 Nelken
150 g Knollensellerie · 1 Möhre
1 l Geflügelbrühe (entfettet)
1 TL Pfefferkörner · 5 Pimentkörner
2 Streifen unbehandelte Zitronenschale
2 Scheiben frischer Ingwer
2 ungeschälte Knoblauchzehen
16 Blatt Gelatine
Salz · Zucker · Rotweinessig

Für die Haxerlsülze:
350 g Fleisch von einer gepökelten Schweinshaxe (weich gekocht)
50 g sehr kleine Möhren-, Knollensellerie- und Lauchwürfel · Salz

Für die Meerrettich-Mousse:
60 g Sahnemeerrettich
180 g Sahne
Zitronensaft zum Abschmecken
Salz · Pfeffer aus der Mühle

Für die Radieschen-Vinaigrette:
10 Radieschen · 1 Schalotte
2 EL Zitronensaft
1/8 l Gemüsebrühe · 3 EL Öl
1 TL Kürbiskernöl · 1 Prise Zucker
2 EL Schnittlauchröllchen
Salz · Pfeffer aus der Mühle

Für eine Terrinenform von 28 cm Länge und 1,5 l Inhalt

1 Für den Sülzenstand Zwiebel schälen und mit Lorbeerblatt und Nelken spicken. Sellerie und Möhre schälen und in grobe Stücke schneiden, mit der Brühe erhitzen. Pfeffer- und Pimentkörner, Zitronenschale, Ingwer und Knoblauch hineingeben und knapp unter dem Siedepunkt 30 Minuten ziehen lassen. In der Zwischenzeit die Gelatine in kaltem Wasser einweichen. Brühe durch ein Sieb gießen und mit Salz, Zucker und Rotweinessig herzhaft abschmecken. Die Gelatine ausdrücken und in der heißen Flüssigkeit auflösen. Den Sülzenstand bei Zimmertemperatur abkühlen lassen, bis die Flüssigkeit kalt ist, aber noch nicht zu gelieren beginnt.

2 Für die Haxerlsülze Fleisch in 1/2 cm große Würfel schneiden. Gemüsewürfel in Salzwasser weich kochen, abschrecken, abgießen, gut ausdrücken und mit dem Fleisch mischen. 600 ml flüssigen Sülzenstand unterheben, nochmals abschmecken. Eine Terrinenform leicht einölen, mit Frischhaltefolie glatt auslegen. Ein Drittel der Sülze 1 cm hoch in die Form füllen, im Kühlschrank fest werden lassen. Restliche Sülze bei Zimmertemperatur aufbewahren, damit sie nicht geliert.

3 Für die Mousse 350 ml flüssigen Sülzenstand mit Meerrettich mischen und auf Eiswasser rühren, bis die Masse anfängt fest zu werden. Sahne halb steif schlagen, unterheben und mit Zitronensaft, Salz und Pfeffer und eventuell noch etwas Meerrettich abschmecken. Die Terrinenform aus dem Kühlschrank nehmen und die Hälfte der Mousse auf die erste Schicht füllen. Die Sülze wieder in den Kühlschrank stellen, fest werden lassen und die Vorgänge noch einmal wiederholen. Auf die zweite Mousseschicht die restliche Haxerlsülze füllen. Das Ganze mehrere Stunden im Kühlschrank durchziehen lassen.

4 Für die Vinaigrette Radieschen putzen, waschen und in kleine Würfel schneiden. Schalotte schälen und klein schneiden. Zitronensaft, Gemüsebrühe, Öl, Kürbiskernöl und Zucker verrühren. Radieschen, Schalotten und Schnittlauch dazugeben, mit Salz und Pfeffer würzen.

5 Zum Anrichten die Sülze durch leichtes Anheben der Folie aus der Form lösen, mithilfe eines Schneidbretts stürzen und in 1 bis 2 cm dicke Scheiben schneiden. Mit der Radieschen-Vinaigrette servieren.

» Fleisch und Gemüse sollten für diese Sülze weich gekocht sein, damit sich die Sülze gut schneiden lässt. «

Appenzeller Käsesalat mit karamellisierten Walnüssen

Für das Dressing:

1 Eigelb · 1 TL scharfer Senf
2 EL Weißweinessig oder Zitronensaft
Salz · Cayennepfeffer
50 ml Öl · 2 EL Walnussöl
50 ml Gemüsebrühe · 100 g Sahne
½ Knoblauchzehe
1 Rosmarinzweig

Für den Salat:

2 Eier · Salz
2 Kopfsalatherzen
1 Bund Radieschen
1 kleine weiße Zwiebel
40 g Zucker
100 g Walnusshälften
Öl für das Blech
2 EL Kresse
250 g Appenzeller Käse (entrindet und in sehr dünnen Scheiben)

Für 4 Personen

1 Für das Dressing Eigelb, Senf, Essig oder Zitronensaft, je 1 Prise Salz und Cayennepfeffer mit dem Stabmixer glatt rühren. Langsam nacheinander beide Ölsorten, Brühe und Sahne untermixen. Mit Salz und Cayennepfeffer abschmecken. Die Knoblauchzehe und den Rosmarinzweig hineingeben, 10 Minuten ziehen lassen und wieder entfernen.

2 Für den Salat die Eier in kochendem Salzwasser hart kochen, abschrecken, auskühlen lassen und schälen. Salatherzen in einzelne Blätter teilen, waschen, gut trockenschleudern und in mundgerechte Stücke zupfen. Radieschen putzen, waschen und in dünne Scheiben schneiden. Zwiebel schälen und in ganz dünne Scheiben scheiden.

3 Den Zucker in einen kleinen Topf geben, so viel Wasser dazugeben, dass der Zucker gerade bedeckt ist. Bei milder Hitze den Zucker bernsteinfarben karamellisieren lassen. Die Walnusshälften dazugeben, gut mit dem Karamell mischen und auf einem leicht eingeölten Backblech ausbreiten. Die karamellisierten Walnüsse abkühlen lassen, auseinander brechen und in grobe Stücke hacken. Die Kresse, falls nötig, waschen.

4 Die hart gekochten Eier in Scheiben schneiden. Salatblätter, Käsescheiben, Radieschen, Eier und Zwiebeln auf einer Platte anrichten. Mit reichlich Dressing beträufeln und zum Schluss mit Walnüssen und Kresse bestreuen.

» Gut in den Salat passen zusätzlich noch rohe Champignonscheiben oder Apfelspalten. Anstatt Appenzeller eignet sich auch würziger Bergkäse für den Salat. «

Avocado-Garnelen-Salat

Für das Dressing:
1 Knoblauchzehe
60 g Roquefort · 2 EL Rotweinessig
2 EL Sherry · 100 ml Gemüsebrühe
50 g Sahne · 3 EL Olivenöl
Salz · 1 Prise Cayennepfeffer
1 EL Schnittlauchröllchen

Für den Salat:
3/4 Kopf Romana- oder Eisbergsalat · 200 g junge Spinatblätter
1 große, reife Avocado
einige Tropfen Zitronensaft
150 g Cocktailtomaten
8 Riesengarnelen
Salz · Pfeffer aus der Mühle
2 EL Öl · 2 EL gehobelter Parmesan

Für 4 Personen

1 Für das Dressing den Knoblauch in Scheiben schneiden und mit Roquefort, Essig, Sherry, Gemüsebrühe und Sahne mit dem Stabmixer cremig aufschlagen. Das Olivenöl langsam untermischen und mit Salz und Cayennepfeffer würzen. Zum Schluss die Schnittlauchröllchen dazugeben.

2 Für den Salat Romana- oder Eisbergsalat und die Spinatblätter putzen, gründlich waschen, trockenschleudern und die Salatblätter in mundgerechte Stücke zupfen. Die Avocado vierteln, entkernen, schälen und in 1 cm breite Scheiben schneiden. Mit Zitronensaft beträufeln. Die Tomaten waschen und halbieren.

3 Die Garnelen schälen, den Darm entfernen und der Länge nach halbieren. Mit Salz und Pfeffer würzen und in einer Pfanne im Öl bei mittlerer Hitze von beiden Seiten insgesamt 2 bis 3 Minuten braten.

4 Salat- und Spinatblätter unmittelbar vor dem Servieren mit Avocado, Tomaten, Parmesan und reichlich Dressing mischen. Auf Tellern verteilen und mit den Garnelen garnieren.

Sellerie-Möhren-Apfel-Salat

Für das Dressing:
1–2 EL Zitronensaft
1 TL scharfer Senf
200 g Crème fraîche
Salz · Cayennepfeffer

Für den Salat:
1 kleiner Knollensellerie (ca. 450 g)
2 Möhren · 1 Apfel
1 EL grob gehackte Kerbelblättchen
1 EL glatte Petersilie (grob gehackt)

Für 4 Personen

1 Für das Dressing Zitronensaft, Senf und Crème fraîche gut miteinander vermischen. Mit Salz und Cayennepfeffer abschmecken.

2 Für den Salat den Sellerie schälen und vierteln. Die Möhren schälen. Den Apfel waschen, vierteln und entkernen. Sellerie, Möhren und Apfel auf einem Gemüsehobel in feine Streifen hobeln. Mit dem Dressing vermischen, kurz ziehen lassen und nochmals abschmecken. Zum Schluss die gehackten Kräuter untermischen.

» Der Salat kann noch mit einigen Tropfen Haselnussöl und mit Haselnussblättchen verfeinert werden. Die Haselnussblättchen im Ofen kurz rösten, damit sie ein intensiveres Aroma bekommen. «

Brezenauflauf mit Spargel-Vinaigrette

Für die Füllung:
2 Brezenstangen (vom Vortag)
4 EL Öl
30 g Butter
60 g Lauch (der weiße Teil)
1–2 Lauchzwiebeln
60 g Champignons
Salz · Pfeffer aus der Mühle

Für den Eierguss:
100 ml Milch · 100 g Sahne
1 Ei · 1 Eigelb
Salz · Pfeffer aus der Mühle
1 Prise frisch geriebene Muskatnuss

Für die Spargel-Vinaigrette:
1 Schalotte
250 g weißer Spargel
250 g grüner Spargel
20 g Butter
Salz · Pfeffer aus der Mühle
1 Prise frisch geriebene Muskatnuss
200 ml Gemüsebrühe
2–3 EL Weißweinessig
1 Prise Zucker
1 TL scharfer Senf
4 EL Olivenöl
1 EL frische Estragonblätter (grob geschnitten)

Für ca. 4 Souffléförmchen (à 150 ml Fassungsvermögen)

1 Für die Füllung die Brezenstangen in sehr dünne Scheiben schneiden und in einer Pfanne im Öl mit 10 g Butter von beiden Seiten goldbraun braten. Die Scheiben auf Küchenpapier abtropfen lassen.

2 Lauch und Lauchzwiebeln putzen, waschen, trockentupfen und in feine Scheiben schneiden. Champignons putzen, nicht waschen, halbieren und in dünne Scheiben schneiden. Lauch, Lauchzwiebeln und Champignons in einer Pfanne mit der restlichen Butter bei milder Hitze 2 Minuten anschwitzen, salzen und pfeffern.

3 Für den Eierguss Milch, Sahne, Ei und Eigelb gut verrühren, durch ein Sieb gießen und mit Salz, Pfeffer und Muskatnuss würzen.

4 Backofen auf 160 °C vorheizen. Vier Souffléförmchen (ersatzweise Kaffeetassen) leicht mit Butter einfetten. Abwechselnd die Brezenscheiben und die Füllung einschichten, mit einer Brezenschicht abschließen. Mit etwas Eierguss begießen, die Füllung leicht andrücken und so viel Guss dazugeben, bis die Füllung vollständig bedeckt ist. Die Aufläufe im Ofen etwa 15 bis 20 Minuten backen.

5 Für die Vinaigrette Schalotte schälen, halbieren und in kleine Würfel schneiden. Weißen Spargel schälen, grünen Spargel nur im unteren Drittel schälen, holzige Enden entfernen und den Spargel schräg in dünne Scheiben schneiden. Spargelköpfe nur halbieren. Spargel und Schalottenwürfel in einer Pfanne bei milder Hitze mit der Butter 2 bis 3 Minuten anschwitzen, mit Salz, Pfeffer und Muskatnuss würzen und mit der Brühe ablöschen. Den Spargel in der Brühe bei milder Hitze bissfest garen. Den Sud durch ein Sieb gießen und auffangen.

6 Spargelsud mit Essig, etwas Salz, Zucker, Senf und Öl mit einem Stabmixer gut verrühren. Spargelscheiben und Vinaigrette miteinander vermischen, Estragon dazugeben, nochmals abschmecken und kurz marinieren.

7 Die fertigen Brezenaufläufe kurz abkühlen lassen, mit einem Messer vorsichtig vom Rand lösen, noch heiß stürzen und mit der Spargel-Vinaigrette servieren.

» Dazu passt sehr gut ein kleiner gemischter Salat. «

Steinpilz-Semmelknödel-Salat mit geröstetem Kümmel

Für die Semmelknödel:
400 g Semmeln (Brötchen; vom Vortag)
350 ml Milch · 4 Eier
Salz · Pfeffer aus der Mühle
frisch geriebene Muskatnuss
1 Zwiebel · 1 EL Öl
2 EL glatte Petersilie (grob gehackt)
Öl für die Folie

Für den gerösteten Kümmel:
10 g ganzer Kümmel

Für das Dressing:
1 kleine Zwiebel · 1 EL Öl
2 EL glatte Petersilie (grob gehackt)
3–4 EL Weißweinessig
200 ml Gemüsebrühe
1 TL scharfer Senf
Salz · 1 Prise Zucker
4 EL Rapsöl
Pfeffer aus der Mühle

Zum Fertigstellen:
250 g Steinpilze (ersatzweise andere Pilze der Saison)
3 EL Öl
Salz · Pfeffer aus der Mühle
1 TL Thymianblättchen

Für 4 Personen

1 Für die Knödel die Semmeln in kleine Würfel schneiden. Die Milch einmal aufkochen lassen, vom Herd nehmen und leicht abkühlen lassen. Die Eier in die Milch rühren. Mit Salz, Pfeffer und Muskatnuss würzen und alles über die Semmelwürfel gießen. Die Knödelmasse mit Frischhaltefolie bedecken und 10 Minuten quellen lassen.

2 Zwiebel schälen, in kleine Würfel schneiden und im Öl glasig dünsten. Die Zwiebelwürfel und die Petersilie zu der Knödelmischung geben und vorsichtig unterheben.

3 Die Knödelmasse zu einer Stange von 4 cm Durchmesser formen und in leicht eingeölte Alufolie rollen. Die Enden der Rolle fest zudrehen und die Stange in einem entsprechend großen Topf in siedendem Wasser 25 bis 30 Minuten garen, bis die Knödel durch sind. Aus dem Wasser nehmen und abkühlen lassen.

4 Für den gerösteten Kümmel den Backofen auf 100 bis 120 °C vorheizen. Kümmel auf ein ungefettetes Backblech streuen und im Ofen etwa 35 bis 45 Minuten rösten, bis die Samen kross sind und duften.

5 Für das Dressing Zwiebel schälen, in kleine Würfel schneiden und in einer Pfanne bei mittlerer Hitze im Öl glasig dünsten. Petersilie dazugeben und mit Essig und Gemüsebrühe ablöschen. Vom Herd nehmen, durch ein Sieb gießen und die Flüssigkeit mit Senf, etwas Salz, Zucker und Öl mit dem Stabmixer gut aufschlagen. Zwiebel und Petersilie wieder dazugeben und das Dressing mit reichlich Pfeffer würzen.

6 Zum Fertigstellen die Knödelstange in ½ cm dünne Scheiben schneiden. Steinpilze putzen, nicht waschen, in nicht zu dünne Scheiben schneiden und in einer heißen Pfanne bei mittlerer Hitze im Öl in 1 bis 2 Minuten kross anbraten. Salzen und pfeffern, mit Thymian bestreuen und zusammen mit den Knödelscheiben auf vier Tellern oder einer großen Platte anrichten. Mit reichlich Dressing beträufeln. Den Salat kurz ziehen lassen, mit Kümmel bestreuen und noch lauwarm servieren.

»Steinpilze am besten portionsweise anbraten, damit sie kross werden und kein Wasser ziehen.«

Lauwarme Scheiben vom Kalbstafelspitz auf grünen Bohnen

Für den Salat:
4 mittelgroße fest kochende Kartoffeln · Salz
1 Prise ganzer Kümmel
300 g breite Bohnen
1 mittelgroße Zwiebel
400 g gekochter Kalbstafelspitz (in ½ l Brühe)
8 kleine Gewürzgurken

Für das Dressing:
½ TL Puderzucker
4 EL Weißweinessig
1 TL Sahnemeerrettich · 4–5 EL Öl
Salz · Pfeffer aus der Mühle
2 EL Schnittlauchröllchen

Zum Fertigstellen:
2 EL Öl
Salz · Pfeffer aus der Mühle
einige geputzte Salatblätter
2 EL frisch gehobelter Meerrettich

Für 4 Personen

1 Für den Salat die Kartoffeln waschen und in kochendem Salzwasser mit Kümmel weich kochen. Abgießen, ausdampfen lassen, schälen und in gleichmäßige Scheiben schneiden. Die Bohnen putzen, in 2 bis 3 cm große Rauten schneiden und in kochendem Salzwasser bissfest blanchieren. In kaltem Wasser abschrecken und abtropfen lassen. Die Zwiebel schälen, halbieren und in dünne Scheiben schneiden. Den Tafelspitz aus der Brühe nehmen und in etwa ½ cm dünne Scheiben schneiden. Die Gewürzgurken halbieren.

2 Für das Dressing Puderzucker in einem kleinen Topf karamellisieren lassen, mit Weißweinessig und 150 ml Tafelspitzbrühe ablöschen, vom Herd nehmen und leicht abkühlen lassen. Die Flüssigkeit mit Meerrettich, Öl und etwas Salz mit dem Stabmixer gut vermischen. Mit reichlich Pfeffer würzen. Zum Schluss die Schnittlauchröllchen hineinrühren.

3 Zum Fertigstellen die Kartoffelscheiben in einer Pfanne bei mittlerer Hitze im Öl von beiden Seiten kross braten. Zwiebeln dazugeben und kurz mitbraten. Bohnen hineingeben, kurz darin schwenken und mit Salz und Pfeffer würzen.

4 Die Tafelspitzscheiben mit so viel Tafelspitzbrühe in einen Topf oder eine Pfanne geben, dass das Fleisch mit Brühe bedeckt ist. Bei milder Hitze erwärmen, bis das Fleisch lauwarm ist. Vor dem Anrichten aus der Brühe nehmen und abtropfen lassen.

5 Das Gemüse mit den Kalbsscheiben und den Salatblättern auf vier Tellern anrichten, mit reichlich Dressing beträufeln und mit Gewürzgurken und Meerrettichspänen garnieren. Sofort servieren.

» Anstatt Kalbstafelspitz eignet sich auch sehr gut Rindertafelspitz für das Gericht. «

Matjesfilets mit Radieserl-Bohnen-Salat und Schnittlauchsauce

Für den Salat:
2 mittelgroße Kartoffeln · Salz
2 kleine Möhren
150 g feine grüne Bohnen (z. B. Keniabohnen)
1 rote Zwiebel · 1 Bund Radieschen

Für das Dressing:
1–2 EL Rotweinessig
100 ml Gemüsebrühe
2–3 EL Olivenöl · 1 Prise Zucker
Salz · Pfeffer aus der Mühle

Für den Matjes:
4 Matjes-Doppelfilets (ca. 600 g)

Für die Schnittlauchsauce:
150 g saure Sahne
100 g Crème fraîche
1 TL scharfer Senf
1 EL Zitronensaft · 1 Prise Zucker
Salz · Cayennepfeffer
2 EL Schnittlauchröllchen

Zum Fertigstellen:
2–3 EL Öl
1 Prise Bohnenkraut
Salz · Pfeffer aus der Mühle

Für 4 Personen

1. Für den Salat die Kartoffeln waschen, schälen und in 1 cm große Würfel schneiden. In Salzwasser weich kochen, abgießen und abkühlen lassen. Die Möhren schälen, schräg in Scheiben schneiden, die Bohnen putzen und halbieren. Beide Gemüse nacheinander in kochendem Salzwasser bissfest blanchieren, abschrecken und abtropfen lassen. Die Zwiebel schälen, halbieren und in dünne Spalten schneiden. Die Radieschen putzen, gut waschen und in dünne Scheiben schneiden.

2. Für das Dressing den Rotweinessig mit der Brühe und dem Olivenöl gut verrühren und mit Zucker, Salz und Pfeffer würzen.

3. Für den Matjes die Doppelfilets trennen, unter fließendem kaltem Wasser abwaschen, trockentupfen und nebeneinander auf eine Platte oder einen großen Teller legen.

4. Für die Schnittlauchsauce die saure Sahne mit Crème fraîche und Senf vermischen. Mit Zitronensaft, Zucker, Salz und Cayennepfeffer abschmecken und zum Schluss den Schnittlauch dazugeben.

5. Zum Fertigstellen die Kartoffelwürfel in einer Pfanne bei mittlerer Temperatur im Öl kross anbraten, mit Bohnenkraut, Salz und Pfeffer würzen und auf Küchenpapier abtropfen lassen.

6. Möhren, Zwiebeln, Radieserl und Bohnen mit reichlich Dressing vermischen, mit Salz und Pfeffer abschmecken, kurz marinieren lassen und über die Matjesfilets verteilen. Kartoffelwürfel darüber streuen. Die Schnittlauchsauce separat dazu reichen.

»Möchte man den Matjes als Salat für ein Picknick oder eine Brotzeit im Freien mitnehmen, kann man die Matjesfilets in 2 bis 3 cm große Stücke schneiden und zusammen mit den gebratenen Kartoffelwürfeln unter das Gemüse heben. Die Schnittlauchsauce passt auch gut als Dip zu rohen Gemüsesticks, kleinen Tomaten oder Champignons.«

Suppen & Eintöpfe

Kaspressknödel in Gemüsesuppe

Für die Knödel:
1 kleine Zwiebel · 10 g Butter
250 g Semmeln (Brötchen; vom Vortag)
200 ml Milch · 2 Eier
Salz · Pfeffer aus der Mühle
1 Prise frisch geriebene Muskatnuss
1 EL glatte Petersilie (grob gehackt)
100 g Bergkäse · 100 g Graukäse

Für die Suppe:
1 mittelgroße Zwiebel
5 Stangen Staudensellerie
3 mittelgroße Möhren
4 reife Tomaten
1–2 EL Öl
100 ml Weißwein
3/4 l Gemüsebrühe
1 Lorbeerblatt
1 Streifen unbehandelte Zitronenschale · 2 Scheiben Knoblauch
1 Scheibe frischer Ingwer
1 kleiner Thymianzweig

Zum Fertigstellen:
1–2 EL Öl
Salz · Cayennepfeffer
frisch geriebene Muskatnuss

Für 4 Personen

1 Für die Knödel die Zwiebel schälen, halbieren und in kleine Würfel schneiden. In einer Pfanne bei milder Hitze mit der Butter glasig dünsten. Die Semmeln in möglichst dünne Scheiben schneiden. Die Milch einmal kurz aufkochen und vom Herd nehmen. Die Eier verquirlen, mit der Milch vermischen, mit Salz, Pfeffer und Muskatnuss würzen und über die Brotscheiben gießen. Zwiebelwürfel und Petersilie dazugeben und alles zugedeckt 10 Minuten ziehen lassen. Berg- und Graukäse grob reiben. Die Knödelmasse mit dem Käse zu einer kompakten Masse mischen. Mit Salz und Pfeffer abschmecken.

2 Für die Gemüsesuppe Zwiebel schälen, halbieren und in kleine Würfel schneiden. Selleriestangen putzen, waschen und in dünne Scheiben schneiden. Möhren schälen und ebenfalls in dünne Scheiben schneiden. Tomaten waschen, Stielansatz entfernen und die Tomaten 20 Sekunden in kochendes Wasser tauchen. In kaltem Wasser abschrecken, häuten, vierteln, entkernen und in 1/2 cm breite Streifen schneiden.

3 Zwiebeln, Sellerie und Möhren in einem großen Topf bei mittlerer Hitze im Öl einige Minuten anschwitzen. Mit dem Weißwein ablöschen, sirupartig reduzieren lassen. Die Gemüsebrühe dazugießen und das Gemüse bei milder Hitze knapp unter dem Siedepunkt in 8 bis 10 Minuten bissfest garen. Nach 5 Minuten Lorbeerblatt, Zitronenschale, Knoblauch, Ingwer und Thymian hineingeben.

4 Zum Fertigstellen mit feuchten Händen kleine Knödel aus der Masse formen und diese zu einem 1 cm hohen Taler flach drücken. In einer Pfanne im Öl von beiden Seiten hellbraun anbraten, aus der Pfanne nehmen und in der heißen Suppe 5 Minuten ziehen lassen.

5 Die Gewürze aus der Suppe entfernen und die Tomatenstreifen dazugeben. Die Suppe mit Salz und Cayennepfeffer abschmecken. Je 1 Prise Muskatnuss in vier vorgewärmte Suppenteller geben und die Suppe mit den Knödeln darin servieren. Mit etwas Selleriegrün dekorieren.

» Graukäse ist ein magerer Sauermilchkäse aus Tirol. Wenn kein Graukäse erhältlich ist, können Sie die Kaspressknödel auch nur mit Bergkäse zubereiten. «

Geräucherte Kaninchenrahmsuppe mit Kopfsalat und Erbsen

Für die Suppe:

4 EL Räuchermehl
1 TL Öl
2 Kaninchenrücken (mit Knochen)
150 g Knollensellerie
2 Stangen Staudensellerie
1 Möhre
½ Zwiebel
1 Lorbeerblatt · 2 Nelken
1 TL Puderzucker
200 ml Weißwein
1 l Geflügel- oder Gemüsebrühe
5 schwarze Pfefferkörner
3 Pimentkörner
1 Streifen unbehandelte Zitronenschale
1 Scheibe Knoblauch

Für die Einlage:

120 g Erbsen · Salz
½ Kopfsalat
Pfeffer aus der Mühle
20 g Butter

Zum Fertigstellen:

150 g Sahne
1 TL scharfer Senf
40 g Butter
Salz · Cayennepfeffer
1 EL frisch gehobelter Meerrettich

Für 4 Personen

1 Für die Suppe einen breiten Dämpf- oder Räuchertopf mit Alufolie auslegen, Räuchermehl darauf verteilen. Den Dämpfeinsatz leicht einölen, auf die Folie setzen, den Deckel schließen und den Topf bei mittlerer Temperatur erhitzen, bis leichter Rauch aufsteigt.

2 Die Kaninchenrücken auslösen, die Bauchlappen aufbewahren. Filets von Haut und Sehnen befreien und beiseite legen. Die Knochen klein hacken und mit Bauchlappen, Häuten und Sehnen im Räuchertopf zugedeckt bei milder Hitze 20 bis 30 Minuten goldbraun räuchern.

3 Den Knollensellerie schälen und in kleine Würfel schneiden. Den Staudensellerie putzen, die Möhre schälen und beides in dünne Scheiben schneiden. Zwiebel schälen, mit Lorbeerblatt und Nelken spicken.

4 Puderzucker in einen großen Topf stäuben und bei mittlerer Hitze karamellisieren lassen. Geräucherte Knochen dazugeben, kurz anschwitzen und mit Weißwein ablöschen. Weißwein sirupartig reduzieren lassen, Gemüse und gespickte Zwiebel dazugeben und mit Brühe aufgießen. Die Suppe bei milder Hitze knapp unter dem Siedepunkt etwa 35 Minuten ziehen lassen. Nach 20 Minuten Pfeffer-, Pimentkörner, Zitronenschale und Knoblauch hineingeben.

5 Für die Einlage die Erbsen in reichlich kochendem Salzwasser bissfest blanchieren, kalt abschrecken und gut abtropfen lassen. Kopfsalat in einzelne Blätter zerteilen, waschen, trockenschleudern, falls nötig, entstrunken und in sehr feine Streifen schneiden.

6 Die Kaninchenrückenfilets in 1 bis 2 cm dicke Scheiben schneiden, salzen und pfeffern und in einer Pfanne mit der Butter bei milder Hitze von allen Seiten hell anbraten. Die Pfanne vom Herd nehmen und die Kaninchenstücke 1 bis 2 Minuten darin ruhen lassen.

7 Zum Fertigstellen die Suppe durch ein Sieb gießen, Sahne und Senf sowie die Butter in Stückchen dazugeben und mit dem Stabmixer aufschlagen. Mit Salz und Cayennepfeffer abschmecken. Erbsen und Salat in die heiße Suppe rühren, erwärmen und zum Schluss die Kanichenstücke dazugeben. Mit Meerrettichspänen garniert servieren.

» Den Kaninchenrücken am besten schon vom Metzger auslösen lassen und die Knochen ebenfalls schon hacken lassen. «

Kohlrabisuppe mit Krebsschwänzen

Für die Suppe:
2–3 Kohlrabi (ca. 1 kg)
Salz
1 kleine Zwiebel · 2 EL Öl
¾ l Gemüsebrühe
1 Lorbeerblatt
1 Scheibe Knoblauch
1 Scheibe frischer Ingwer
125 g Sahne · 40 g Butter
Cayennepfeffer
frisch geriebene Muskatnuss

Für die Flusskrebse:
12 Flusskrebse · Salz
½ TL ganzer Kümmel
30 g Butter
Pfeffer aus der Mühle
2 EL glatte Petersilie (grob gehackt)

Für 4 Personen

1 Für die Suppe die Kohlrabi schälen und holzige Enden entfernen. Ein Drittel der Kohlrabi in kleine Würfel schneiden, den Rest in Scheiben schneiden. Kleine, zarte Kohlrabiblätter und die Kohlrabiwürfel nacheinander in kochendem Salzwasser bissfest blanchieren, in kaltem Wasser abschrecken und abtropfen lassen. Die Blätter in feine Streifen schneiden und beiseite legen. Zwiebel schälen, halbieren, in kleine Würfel schneiden und mit den Kohlrabischeiben in einem Topf bei mittlerer Hitze im Öl einige Minuten anschwitzen.

2 Brühe dazugießen, Lorbeer, Knoblauch und Ingwer hineingeben. Die Suppe bei milder Hitze 10 bis 15 Minuten sanft köcheln lassen, bis der Kohlrabi weich ist. Gewürze entfernen, Sahne hinzufügen und die Suppe mit dem Stabmixer fein pürieren. Butter dazugeben und durchmixen. Mit Salz, Cayennepfeffer und Muskatnuss abschmecken.

3 Die Krebse 3 Minuten in siedendem Salzwasser mit Kümmel glasig durchziehen lassen. Kalt abschrecken, abtropfen lassen und die Schwänze vom Körper trennen, schälen und den Darm entfernen. Mit den Kohlrabiwürfeln in einer Pfanne bei milder Hitze in der Butter schwenken, salzen, pfeffern und die Kohlrabiblätter dazugeben. Krebsschwänze und Kohlrabi in vorgewärmte Suppenteller geben, die Suppe darüber gießen, mit Petersilie bestreuen und servieren.

Zitronenrahmsuppe

1 mittelgroße Zwiebel
1 Stange Lauch (der weiße Teil)
2 EL Öl · ⅛ l Weißwein
10 g getrocknete Champignons
1 l Gemüsebrühe
1 Lorbeerblatt · 5 Pimentkörner
4 Streifen unbehandelte Zitronenschale · ½ TL Kurkuma
100 g Sahne · 40 g Butter
Zitronensaft · Salz · Cayennepfeffer

Für 4 Personen

1 Zwiebel schälen und in kleine Würfel schneiden. Lauch putzen, waschen und in dünne Ringe schneiden. Beides in einem Topf bei milder Hitze im Öl anschwitzen, mit Weißwein ablöschen und sirupartig reduzieren lassen. Getrocknete Champignons dazugeben, mit Brühe aufgießen, Lorbeer, Piment und Zitronenschale dazugeben, mit Kurkuma würzen und gut 10 Minuten sanft köcheln lassen. Die Suppe durch ein Sieb gießen. Sahne und Butter in Stückchen hinzufügen und mit einem Stabmixer aufschlagen. Mit einigen Tropfen Zitronensaft, Salz und Cayennepfeffer abschmecken. Die Gewürze aus der Lauch-Zwiebel-Mischung entfernen und die Mischung in die Suppe geben.

Aufgeschmolzene Brotsuppn

Für die Suppe:
500 g Zwiebeln
20 g Butter · 1 EL Öl
50 ml weißer Portwein
100 ml Weißwein
1 l klare Rindersuppe
2 Lorbeerblätter
1 Streifen unbehandelte Zitronenschale · 1 Scheibe Knoblauch
1 Prise getrockneter Majoran
Salz · Cayennepfeffer

Für die Einlage:
4 sehr dünne, große Bauernbrotscheiben (vom Vortag)
40 g Butter · Salz
2 EL glatte Petersilie (grob gehackt)

Für 4 Personen

1. Für die Suppe die Zwiebeln schälen, halbieren und in möglichst dünne Scheiben schneiden. Zwiebelscheiben in einem breiten, hohen Topf bei mittlerer Hitze mit der Butter und dem Öl langsam bräunen, mit Portwein und Weißwein ablöschen, reduzieren lassen und mit Rindersuppe aufgießen.

2. Lorbeerblätter, Zitronenschale und Knoblauch hineingeben und die Suppe bei milder Hitze 6 bis 8 Minuten knapp unter dem Siedepunkt ziehen lassen. Die Gewürze wieder entfernen. Mit Majoran, Salz und Cayennepfeffer herzhaft abschmecken.

3. Für die Einlage das Bauernbrot in 4 bis 5 cm große Vierecke schneiden. In einer Pfanne bei milder Hitze in der Butter von beiden Seiten kross braten. Auf Küchenpapier abtropfen lassen und leicht salzen.

4. Die Suppe mit Petersilie bestreuen und mit den Bauernbrotscheiben servieren. Nach Belieben kann man das Bauernbrot zuerst in den Suppenteller legen und dann mit der heißen Suppe begießen oder die Brotscheiben erst ganz zum Schluss auf die Suppe legen, damit sie schön kross bleiben.

» Die Suppe schmeckt am besten, wenn man sie mit einer kräftigen, klaren, selbst gemachten Rindersuppe herstellt. Ersatzweise kann auch Gemüse- oder Geflügelbrühe verwendet werden. «

Muscheleintopf mit Safran

Für die Muscheln:
1,2 kg Miesmuscheln
Meersalz

Für die Suppe:
1 kleine Fenchelknolle
4 Stangen Staudensellerie
1 Stange Lauch (der weiße Teil)
1 mittelgroße Zwiebel
3 kleine Möhren
500 g fest kochende Kartoffeln
3 EL Olivenöl
1/8 l Weißwein
2 cl Anislikör
1 l Gemüsebrühe
1 Scheibe frischer Ingwer
2 Scheiben Knoblauch
1 Streifen unbehandelte Zitronenschale
1 Lorbeerblatt
1 Prise Safranfäden
Salz · Cayennepfeffer
2 EL glatte Petersilie (grob gehackt)

Für 4 Personen

1 Die Muscheln unter fließendem Wasser gründlich säubern, geöffnete aussortieren. Salzwasser in einem entsprechend großen Topf zum Kochen bringen, die Muscheln hineingeben und zugedeckt bei milder Hitze einige Minuten garen, bis sie sich öffnen. Die Muscheln in ein Sieb abgießen, geschlossene aussortieren. Das Muschelfleisch aus den geöffneten Schalen lösen und bis zur Weiterverwendung zugedeckt im Kühlschrank aufbewahren.

2 Für die Suppe Fenchel, Staudensellerie und Lauch putzen, waschen, trockentupfen und in möglichst dünne Scheiben schneiden. Die Zwiebel schälen, vierteln und in dünne Scheiben schneiden. Die Möhren schälen und schräg in dünne Scheiben schneiden. Die Kartoffeln waschen, schälen und in 1 cm große Würfel schneiden.

3 Fenchel-, Sellerie-, Zwiebel- und Möhrenscheiben in einem großen Topf bei mittlerer Hitze im Olivenöl einige Minuten anschwitzen. Die Kartoffelwürfel dazugeben, mit Weißwein und Anislikör ablöschen, leicht reduzieren lassen und mit Gemüsebrühe aufgießen. Die Suppe etwa 10 Minuten bei milder Hitze knapp unter dem Siedepunkt ziehen lassen, bis das Gemüse weich ist.

4 Nach 5 Minuten Lauch, Ingwer, Knoblauch, Zitronenschale, Lorbeerblatt und Safranfäden hineingeben. Den Eintopf mit Salz und Cayennepfeffer abschmecken. Ingwer, Knoblauch, Zitronenschale und Lorbeerblatt wieder entfernen, die Muscheln hinzufügen und vorsichtig in der Suppe erwärmen. Zum Schluss mit Petersilie und nach Belieben mit Fenchelgrün bestreuen und sofort servieren.

» Man kann zum Schluss auch noch etwas Rouille in den Eintopf geben. Dafür 1/4 rote Paprika, 1 Knoblauchzehe und 1 kleine gekochte Kartoffel schälen und grob zerkleinern. Mit 3 Safranfäden, 1/2 TL Dijonsenf, 1 Eigelb, Salz und Pfeffer im Mixer pürieren. Nach und nach etwa 75 ml Olivenöl und 2 EL Gemüsebrühe dazuträufeln, bis eine cremige Sauce entsteht. «

Paprikasuppe mit gebratener Entenleber

Für die Suppe:

4 rote Paprikaschoten
1 gelbe Paprikaschote
1 Möhre
1 mittelgroße Zwiebel
2 EL Olivenöl
1 Knoblauchzehe (in Scheiben)
1 entkernte mittelscharfe Chilischote
3/4 l Gemüsebrühe
125 g Sahne
40 g Butter
Salz · Pfeffer aus der Mühle

Für die Entenleber:

200 g Entenleber (ersatzweise Geflügelleber)
40 g Butter
1 Prise getrockneter Majoran
1 Msp fein gehackte unbehandelte Zitronenschale
1 Scheibe Knoblauch
Salz · Pfeffer aus der Mühle
1 EL frische Majoranblättchen

Für 4 Personen

1 Für die Suppe die Grillfunktion des Backofens einschalten. Rote und gelbe Paprikaschoten der Länge nach vierteln, Stielansätze und Kerne entfernen und mit der Schnittfläche nach unten auf ein Backblech legen. Das Blech auf der mittleren Einschubleiste unter den heißen Grill schieben. Die Schoten etwa 10 bis 15 Minuten grillen, bis die Haut Blasen wirft und gebräunt ist. Die Paprikaschoten aus dem Ofen nehmen und mit einem feuchten Tuch bedeckt etwas abkühlen lassen. Die Haut mithilfe eines spitzen Messers von den Schoten abziehen.

2 Rote Paprikahälften in grobe Stücke schneiden. Die gelben Hälften in kleine Würfel schneiden und beiseite stellen. Möhre schälen, halbieren und in dünne Scheiben schneiden. Zwiebel schälen, halbieren, in kleine Würfel schneiden und in einem Topf bei mittlerer Hitze im Öl glasig dünsten. Möhrenscheiben, rote Paprikastücke, Knoblauch und Chilischote dazugeben, kurz mitschwitzen lassen und mit der Brühe ablöschen. Das Ganze bei milder Hitze in 8 bis 10 Minuten weich kochen. Chilischote entfernen, die Sahne hinzufügen und die Suppe zusammen mit der Butter mit dem Stabmixer ganz fein pürieren. Mit Salz und Pfeffer abschmecken.

3 Entenleber putzen und in 2 cm große Stücke schneiden. Butter in einer Pfanne bei milder Hitze aufschäumen lassen, Leberstücke dazugeben, mit Majoran, Zitronenschale und Knoblauch würzen und in 1 bis 2 Minuten sanft anbraten, sodass die Leberstücke innen noch rosa bleiben. Salzen und pfeffern und auf einem Sieb abtropfen lassen. Die Knoblauchscheibe entfernen.

4 Die Suppe mit dem Stabmixer nochmals aufschäumen. Die Entenleber zusammen mit den gelben Paprikawürfeln in vier vorgewärmte Suppenteller verteilen. Mit Suppe auffüllen und mit einigen frischen Majoranblättchen garnieren.

» In Butter gebratene Croûtons können noch zusätzlich auf die Suppe gestreut werden. Anstatt der Entenleber kann man auch in Würfel oder Streifen geschnittene, gebratene Geflügelbrust als Einlage verwenden. «

Chili con Carne

1 große Zwiebel · 3 EL Olivenöl
600 g grobes Rinderhackfleisch
1 EL Tomatenmark · 1 EL Ketchup
200 g geschälte Tomaten (aus der Dose)
½–¾ l Geflügelbrühe
2 Knoblauchzehen · 1 Lorbeerblatt
1 Streifen unbehandelte Zitronenschale
½ TL Cayennepfeffer
1–2 getrocknete Chilischoten
1 Dose rote Bohnen (200 g Abtropfgewicht)
1 Msp getrockneter Oregano
frisch gemahlener Kreuzkümmel
frisch gemahlener Koriander
Salz · Pfeffer aus der Mühle

Für 4 Personen

1 Die Zwiebel schälen, halbieren, in kleine Würfel schneiden und in einem breiten, großen Topf bei mittlerer Hitze im Öl glasig dünsten. Das Rindfleisch dazugeben und unter Rühren gut anbraten. Tomatenmark und Ketchup dazugeben, kurz anrösten. Die Tomaten grob hacken und mit dem Saft hinzufügen. Mit so viel Brühe aufgießen, dass das Fleisch gut bedeckt ist. Das Ganze bei milder Hitze gut 1 Stunde sanft köcheln lassen.

2 Den Knoblauch schälen, grob hacken und nach etwa 45 Minuten zusammen mit Lorbeerblatt, Zitronenschale, Cayennepfeffer und Chilischoten in den Eintopf rühren. 5 Minuten vor Garzeitende die Bohnen dazugeben und den Eintopf mit Oregano, Kreuzkümmel, Koriander, Salz und Pfeffer sowie noch etwas Cayennepfeffer herzhaft-feurig abschmecken.

3 Zitronenschale, Lorbeerblatt und Chilischoten wieder entfernen. Den Eintopf nach Belieben mit Petersilie bestreuen und in vorgewärmte Suppenteller oder -schüsseln füllen. Wer möchte, kann noch je 1 Esslöffel saure Sahne auf das Chili geben.

Süßsauer marinierte Rostbratwürste

2 Zwiebeln · 1 Möhre
150 g Knollensellerie
500 g Nürnberger Rostbratwürste
1 EL Öl · ¾ l Geflügelbrühe
2 Wacholderbeeren · 5 Pimentkörner · 1 TL Pfefferkörner
1 Lorbeerblatt · 2 Scheiben Knoblauch · 1 Scheibe frischer Ingwer
2–3 EL Rotweinessig · Salz
1–2 EL Zucker
1 Prise getrockneter Majoran
50 g kalte Butter · Cayennepfeffer
1 EL glatte Petersilie (grob gehackt)

Für 4 Personen

1 Das Gemüse schälen und in etwa ½ cm große Würfel schneiden. Die Rostbratwürste schräg in etwa 1 cm dicke Scheiben schneiden. Das Gemüse in einem Topf im Öl bei milder Hitze anschwitzen. Mit der Brühe aufgießen. Wacholderbeeren, Piment- und Pfefferkörner, Lorbeerblatt, Knoblauch und Ingwer in ein kleines Mulltuch binden und in die Brühe geben. Etwa 10 Minuten leise köcheln lassen, bis das Gemüse weich ist.

2 Mit Essig, Salz und Zucker herzhaft abschmecken. Den Majoran und die Wurstscheiben hineingeben und 5 Minuten ziehen, aber nicht kochen lassen. Das Gewürzsäckchen wieder entfernen. Die Hälfte der Suppe durch ein Sieb gießen, die Butter hineingeben, mit dem Stabmixer aufschlagen und wieder zum Eintopf zurückgeben. Mit Cayennepfeffer würzen, mit Petersilie bestreuen und servieren.

Krauteintopf mit dreierlei Fleisch und Kräuterpesto

Für das Pesto:

1 Bund Basilikum
½ Bund glatte Petersilie
50 g Spinatblätter · Salz
1–2 Knoblauchzehen
50 g frisch geriebener Pecorino
50 g geröstete Mandelblättchen
⅛ l mildes Olivenöl

Für den Krauteintopf:

½ Kopf junger Spitzkohl
8 Schalotten · 2 kleine Möhren
200 g Knollensellerie
100 g Kenia- oder Buschbohnen
Salz · 1 TL Puderzucker
100 ml weißer Portwein
¾ l Geflügelbrühe · 1 Lorbeerblatt
1 Streifen unbehandelte Zitronenschale
1 Scheibe Knoblauch
1 Scheibe frischer Ingwer
1 Zweig frisches Bohnenkraut
Cayennepfeffer
200 g Schweinefilet
200 g Rinderlende
200 g Geflügelbrust (ohne Haut und Knochen)
1–2 EL Öl · Pfeffer aus der Mühle

Zum Fertigstellen:

200 g gemischte Pilze der Saison
1 EL Öl · Salz · Pfeffer aus der Mühle · Cayennepfeffer

Für 4 Personen

1 Für das Pesto Basilikum-, Petersilien- und Spinatblätter von den Stielen zupfen, waschen und trockenschütteln. Die Petersilie und den Spinat in reichlich kochendem Salzwasser kurz blanchieren, in kaltem Wasser abschrecken, abgießen und gut ausdrücken. Basilikum und die blanchierten Blätter mit Knoblauch, Pecorino, Mandeln und etwas Olivenöl im Mixer pürieren. So viel Olivenöl zugeben, dass das Pesto leicht flüssig ist. Erst kurz vor der Verwendung salzen.

2 Für den Krauteintopf Spitzkohl entstrunken, waschen, trockenschütteln und in 3 cm große Rauten schneiden. Schalotten schälen, halbieren und in 1 bis 2 cm große Scheiben schneiden. Möhren schälen und schräg in dünne Scheiben schneiden. Den Sellerie schälen, erst in dünne Scheiben und dann in 2 bis 3 cm große Rauten schneiden. Die Bohnen putzen, halbieren und in kochendem Salzwasser bissfest blanchieren, in kaltem Wasser abschrecken und abtropfen lassen.

3 Puderzucker in einen Topf stäuben und bei mittlerer Hitze karamellisieren lassen. Das Gemüse, ohne die Bohnen, dazugeben und kurz mitdünsten. Mit Portwein ablöschen, sirupartig reduzieren lassen und mit Brühe aufgießen. Den Eintopf bei milder Hitze 10 Minuten köcheln lassen, bis das Gemüse weich ist. Nach 5 Minuten Lorbeer, Zitronenschale, Knoblauch, Ingwer und Bohnenkraut hineingeben und mit Cayennepfeffer würzen.

4 Schweinefilet und Rinderlende wie die Geflügelbrust in 2 bis 3 cm große Würfel schneiden. In einer Pfanne bei mittlerer Hitze im Öl von allen Seiten kurz anbraten, salzen und pfeffern und in den Eintopf geben. 5 Minuten ziehen lassen.

5 Zum Fertigstellen die Pilze putzen, nicht waschen, je nach Größe halbieren oder vierteln und in einer heißen Pfanne im Öl 1 bis 2 Minuten anbraten. Salzen, pfeffern und mit den Bohnen in den Eintopf geben. Den Eintopf mit Salz und Cayennepfeffer abschmecken, Gewürze entfernen, mit etwas Pesto beträufeln und heiß servieren. Das restliche Pesto separat dazu reichen.

»Je nach Geschmack können für das Pesto auch andere Kräuter wie Estragon, Kerbel oder Bärlauch zusätzlich zum Spinat und Basilikum mitverwendet werden.«

Gulaschsuppe

Für die Suppe:
700 g Rindfleisch (aus der Wade oder Schulter)
400 g Zwiebeln · 2 EL Öl
1 EL Tomatenmark
3/4 l Geflügelbrühe
je 1/2 gelbe und rote Paprikaschote
1/2 Zucchino
400 g Kartoffeln
1 EL Paprikapulver (edelsüß)
1 gestr. TL Cayennepfeffer · Salz
2 Lorbeerblätter

Für das Gulaschgewürz:
2 Streifen unbehandelte Zitronenschale
2 Knoblauchzehen (in Scheiben)
1/2 TL ganzer Kümmel
1/2 TL getrockneter Majoran · Salz
2 EL glatte Petersilie (grob gehackt)

Für 4 Personen

1 Für die Suppe das Rindfleisch von groben Sehnen befreien und in 1 cm große Würfel schneiden. Zwiebeln schälen, halbieren und in kleine Würfel schneiden. Die Fleischwürfel in einem großen, breiten Topf bei mittlerer Hitze im Öl von allen Seiten gut anbraten. Tomatenmark dazugeben, kurz anrösten, die Zwiebelwürfel unterrühren, einige Minuten mitdünsten und mit Brühe aufgießen. Die Suppe bei milder Hitze etwa 1 Stunde sanft köcheln lassen, bis das Fleisch weich ist.

2 In der Zwischenzeit rote und gelbe Paprikaschote entkernen, waschen und in 1/2 bis 1 cm große Würfel schneiden. Zucchino waschen und in gleich große Würfel schneiden. Kartoffeln waschen, schälen und in 1 cm große Würfel schneiden.

3 20 Minuten vor Garzeitende, Paprika-, Zucchini- und Kartoffelwürfel in die Suppe geben, mit Paprikapulver, Cayennepfeffer und etwas Salz würzen und die Lorbeerblätter hineingeben.

4 Für das Gulaschgewürz Zitronenschale klein schneiden und zusammen mit Knoblauch, Kümmel und Majoran zu einer feinen Paste hacken.

5 Die Gulaschsuppe zum Schluss mit der Gewürzpaste und etwas Salz würzen, 5 Minuten ziehen lassen und die Lorbeerblätter wieder entfernen. Die Suppe nochmals mit Salz abschmecken, mit Petersilie bestreuen und sofort servieren.

» Möchte man die Suppe im Voraus zubereiten, sollte man das Gulaschgewürz erst einmal weglassen und erst 5 Minuten vor dem Servieren in die heiße Suppe geben. «

Kartoffeln
&
Gemüse

Kartoffelstrudel mit Kräutercreme

Für den Strudelteig:
250 g Mehl · Salz
½ TL Weißweinessig
3 EL Öl

Für die Füllung:
700 g fest kochende Kartoffeln
Salz · ½ TL ganzer Kümmel
1 kleine Zwiebel
100 g gut durchwachsener Speck (in dünnen Scheiben)
100 g gekochtes Rindfleisch (in dünnen Scheiben)
ca. 100 ml Öl
Pfeffer aus der Mühle
1 Prise frisch gemahlener Kümmel
10 g Butter
1 Prise getrockneter Majoran
1 EL glatte Petersilie (grob gehackt)

Zum Fertigstellen:
60 g Butter
Mehl zum Bestäuben

Für die Kräutercreme:
250 g Sahnequark · 70 g Sahne
4 EL klein geschnittene, frische Kräuter (z. B. Dill, Kerbel, Estragon, Schnittlauch)
1 Msp fein gehackte unbehandelte Zitronenschale
einige Tropfen Zitronensaft
Salz · Pfeffer aus der Mühle

Für 6–8 Personen

1. Für den Teig Mehl und 1 Prise Salz mischen. ⅛ l lauwarmes Wasser, Essig und 2 Esslöffel Öl dazugeben und mit der Küchenmaschine zu einem glatten, elastischen Teig verkneten. Zu einer Kugel formen, mit restlichem Öl bestreichen und zugedeckt an einem warmen Ort mindestens 30 Minuten ruhen lassen.

2. Für die Füllung Kartoffeln waschen, in reichlich Wasser mit Salz und Kümmel weich kochen. Abgießen, schälen und ganz abkühlen lassen. Zwiebel schälen, halbieren und in kleine Würfel schneiden. Speck- und Rindfleischscheiben in dünne Streifen schneiden. Kartoffeln in dünne Scheiben schneiden und in einer Pfanne in zwei Portionen bei mittlerer Hitze mit genügend Öl goldbraun braten. Mit Salz, Pfeffer und Kümmel würzen.

3. Speck in einer zweiten Pfanne mit 1 Esslöffel Öl kross braten, Zwiebelwürfel dazugeben, glasig dünsten und zum Schluss Rindfleisch und Butter dazugeben. Mit dem Majoran würzen. Speck-Zwiebel-Rindfleisch-Mischung, Bratkartoffeln und Petersilie gut vermischen.

4. Zum Fertigstellen den Backofen auf 180 °C vorheizen. Butter bei milder Hitze schmelzen lassen. Ein Küchentuch mit etwas Mehl bestäuben. Den Teig auf dem Tuch rechteckig ausrollen und mit leicht bemehlten Händen so dünn wie möglich ausziehen (etwa 40 x 50 cm). Sparsam mit flüssiger Butter bestreichen.

5. Die Kartoffelfüllung auf das untere Drittel verteilen, dabei einen Rand von etwa 3 cm lassen und den Strudel mithilfe des Tuches aufrollen. Die Enden gut andrücken und auf ein geöltes Backblech setzen. Rundherum mit der restlichen Butter einpinseln. Den Strudel im Ofen in 30 Minuten backen, bis er goldbraun ist.

6. Für die Kräutercreme den Sahnequark mit der Sahne glatt rühren, Kräuter und Zitronenschale untermischen und mit etwas Zitronensaft, Salz und Pfeffer abschmecken.

7. Den Strudel aus dem Ofen nehmen, leicht abkühlen lassen und in etwa 3 cm breite Scheiben schneiden. Mit der Kräutersauce und einem kleinen gemischten Salat servieren.

» Um Zeit zu sparen, kann man auch fertig gekaufte Strudelteigblätter verwenden. Die Kartoffeln können schon am Vortag gekocht werden. «

Kartoffel-Lamm-Gratin mit Roquefort

Für die kandierten Tomaten:
- 8 reife Tomaten
- 3 EL Olivenöl
- ½ TL Puderzucker
- 1 Knoblauchzehe (in Scheiben)
- 1 TL frische Rosmarinnadeln

Für die Füllung:
- 1 Stange Lauch (der weiße Teil)
- Salz
- 5 dünne Lammfleischscheiben (120 g)
- Pfeffer aus der Mühle
- 1 EL Öl
- 500 g Kartoffeln
- 50 g Roquefort

Für die Roquefortcreme:
- 50 g Roquefort
- 150 ml Milch
- 150 g Sahne
- 1 Msp gehackter Knoblauch
- ½ TL Zitronenthymianblättchen
- Salz
- Pfeffer aus der Mühle
- Cayennepfeffer

Für 4 Personen

1. Für die kandierten Tomaten den Backofen auf 120 °C vorheizen. Den Stielansatz der Tomaten mit einem scharfen Messer entfernen, die Tomaten etwa 20 Sekunden in kochendes Wasser tauchen, in kaltem Wasser abschrecken und häuten. Die Tomaten vierteln, entkernen und mit der gewölbten Seite nach oben auf ein leicht geöltes Backblech legen. Die Tomatenfilets mit Puderzucker bestäuben, Knoblauch und Rosmarinnadeln darüber verteilen und mit Olivenöl beträufeln. Die Tomaten im Ofen etwa 1 ½ Stunden trocknen bzw. kandieren lassen.

2. Für die Füllung den Lauch putzen, halbieren, waschen, in 1 cm dicke und 3 cm lange Streifen schneiden. In reichlich kochendem Salzwasser bissfest blanchieren, in kaltem Wasser abschrecken, gut abtropfen lassen und mit Küchenpapier trockentupfen.

3. Das Lammfleisch zwischen zwei Lagen Frischhaltefolie flach klopfen, salzen, pfeffern und in einer heißen Pfanne bei mittlerer Hitze im Öl von beiden Seiten nur ganz kurz anbraten. Auf Küchenpapier abtropfen lassen. Die Kartoffeln waschen, schälen, in dünne Scheiben hobeln und in einem Sieb abtropfen lassen. Roquefort in kleine Stücke zerbröckeln.

4. Für die Creme Roquefort, Milch, Sahne und Knoblauch mit dem Stabmixer gut vermischen. Den Thymian zugeben und mit wenig Salz, Pfeffer und Cayennepfeffer würzen.

5. Zum Fertigstellen den Backofen auf 170 °C vorheizen. Eine entsprechend große Auflaufform leicht einölen und abwechselnd Kartoffelscheiben, Lauch, Lamm und Tomaten hineinschichten, bis alle Zutaten verbraucht sind. Dabei zwischen Lauch, Tomaten und Lamm immer eine Lage Kartoffeln einschichten. Mit einer Kartoffelschicht abschließen. Mit der Roquefortcreme begießen, sodass alle Zutaten gut bedeckt sind. Mit Roquefort bestreuen und im Ofen 40 Minuten backen, bis die Kartoffeln weich sind. Falls das Gratin zu schnell braun wird, die Ofentemperatur auf 150 °C herunterschalten. Aus dem Ofen nehmen und heiß servieren.

» Die kandierten Tomaten können auch schon einen Tag im Voraus zubereitet werden. «

Gnocchipfanne mit Pfifferlingen

Für die Gnocchi:
1 kg durchgedrückte, ausgekühlte Kartoffeln
4 Eigelb
3 EL braune Butter (siehe S. 10)
Salz · Pfeffer aus der Mühle
1 Prise frisch geriebene Muskatnuss
110 g Mehl
80 g Speisestärke
30 g Hartweizengrieß

Für die Pilzsauce:
1 kleine Zwiebel · 20 g Butter
150 g Sahne
1 Streifen unbehandelte Zitronenschale
1 Lorbeerblatt
Salz · Cayennepfeffer
400 g Pfifferlinge
1 EL Öl
Pfeffer aus der Mühle
2 EL glatte Petersilie (grob gehackt)

Zum Fertigstellen:
Salz · 20 g Butter

Für 4 Personen

1 Für die Gnocchi Kartoffeln mit Eigelb, flüssiger brauner Butter, 1 Prise Salz, Pfeffer und Muskatnuss mischen. Mehl, Speisestärke und Grieß dazugeben und alles rasch zu einem glatten Teig verkneten.

2 Den Teig in knapp walnussgroße Stücke teilen, zu Kugeln formen, mit leichtem Druck über einen Gabelrücken rollen, sodass an der Unterseite eine kleine Mulde entsteht und die Oberfläche gerillt ist. Oder den Teig in 1 bis 2 cm dicke Stränge rollen und mit einem Messer 2 cm dicke Stücke abschneiden. Die fertigen Gnocchi bis zur Weiterverwendung nebeneinander auf ein mit Grieß bestreutes Brett oder Tablett legen.

3 Für die Sauce die Zwiebel schälen, halbieren, in kleine Würfel schneiden und in einer Pfanne bei milder Hitze mit der Butter glasig dünsten. Mit Sahne aufgießen, Zitronenschale und Lorbeerblatt hineingeben, 5 Minuten knapp unter dem Siedepunkt ziehen lassen und mit Salz und Cayennepfeffer würzen. Zitronenschale und Lorbeerblatt wieder entfernen.

4 Die Pfifferlinge putzen, nicht waschen, je nach Größe halbieren oder vierteln und in einer heißen Pfanne bei mittlerer Hitze im Öl 1 bis 2 Minuten anbraten. Leicht salzen und pfeffern, in die Sauce geben und mit Petersilie bestreuen.

5 Zum Fertigstellen die Gnocchi portionsweise in kochendes Salzwasser geben, die Hitze herunterschalten. Sobald die Gnocchi an die Oberfläche steigen, noch 1 Minute ziehen lassen, herausnehmen und gut abtropfen lassen. Die fertig gegarten Gnocchi in einer entsprechend großen Pfanne bei mittlerer Hitze mit der Butter leicht anbraten. Die Pilzsauce über die Gnocchi verteilen und sofort servieren.

» Gnocchi können schon vorher zubereitet werden. Dafür die Gnocchi in siedendem Salzwasser gar kochen, in kaltem Wasser abschrecken, abgießen, gut abtropfen lassen und mit etwas Öl mischen. Zugedeckt halten sich die Gnocchi im Kühlschrank bis zu 3 Tage. «

Topfen-Fingernudeln mit Krautfleckerln

Für die Fingernudeln:

375 g durchgedrückte, ausgekühlte Kartoffeln

3 EL braune Butter (siehe S. 10)

1 Eigelb · 65 g Topfen (Quark)

Salz · Pfeffer aus der Mühle

1 Prise frisch geriebene Muskatnuss

100 g Speisestärke

40 g Weizengrieß

doppelgriffiges Mehl

Für die Krautfleckerl:

½ Kopf junges Weißkraut

50 g gut durchwachsener Speck (in dünnen Scheiben)

1 TL Öl · ½ TL Puderzucker

100 ml Weißwein

200 ml Gemüsebrühe

Salz · frisch gemahlener Kümmel

1 Prise getrockneter Majoran

Zum Fertigstellen:

2–3 EL Öl · 20 g Butter

Salz

Für 4 Personen

1 Für die Fingernudeln die Kartoffeln mit flüssiger brauner Butter, Eigelb und Topfen vermischen. Mit Salz, Pfeffer und Muskatnuss würzen. Speisestärke und Grieß dazugeben und alles rasch zu einem glatten Teig verkneten.

2 Mit leicht bemehlten Händen aus der Masse 3 cm breite und 7 cm lange Findernudeln rollen und leicht flach drücken. Bis zur Weiterverwendung auf einer mit Mehl bestäubten Unterlage aufbewahren.

3 Für die Krautfleckerl das Weißkraut putzen, den Strunk herausschneiden und das Kraut in einzelne Blätter zerteilen. Waschen und abtropfen lassen. Die Blätter, falls nötig, entstrunken und in 2 bis 3 cm große Rauten schneiden.

4 Den Speck in 1 cm breite Stücke schneiden und in einem breiten Topf im Öl bei mittlerer Hitze leicht anbraten. Puderzucker darüber stäuben, kurz karamellisieren lassen.

5 Weißkraut zugeben, mit Weißwein ablöschen, sirupartig reduzieren lassen und mit Brühe aufgießen. Das Weißkraut bei milder Hitze 10 Minuten unter gelegentlichem Rühren weich garen und mit Salz, Kümmel und Majoran würzen. Falls zu viel Flüssigkeit verdampft, noch etwas Brühe dazugeben.

6 Zum Fertigstellen die Fingernudeln in einer Pfanne bei milder Hitze im Öl von beiden Seiten langsam braten, bis sie goldbraun und gar sind. Zum Schluss Butter dazugeben, durchschwenken und leicht salzen. Mit den Krautfleckerln servieren.

» Für Spinat-Käse-Fingernudeln kann man zusätzlich zum Topfen noch 50 g blanchierten, gehackten Spinat, ½ TL fein gehackte Thymianblättchen und 30 g geriebenen Bergkäse unter die Masse heben. Die Masse zu kleinen Fingernudeln formen, in siedendem Wasser einige Minuten gar kochen, abgießen, gut abtropfen lassen und in einer Pfanne in etwas Butter anbraten. «

Kartoffel-Fenchel-Kuchen

Für den Mürbeteig:
100 g weiche Butter
1 Eigelb
1 Prise Zucker
½ TL Salz
1 EL Milch
170 g Mehl (gesiebt)

Für die Füllung:
400 g kleine fest kochende Kartoffeln
Salz · 1 Prise Kümmel
1 mittelgroße Fenchelknolle
4 reife Tomaten
200 g Austernpilze
4 EL Öl
Pfeffer aus der Mühle
1 Msp getrocknetes Bohnenkraut
100 g würziger Hartkäse (grob gerieben)

Für den Eierguss:
200 ml Milch
200 g Sahne
3 Eigelb
1 Ei · Salz
Pfeffer aus der Mühle
frisch geriebene Muskatnuss

Für 4–6 Personen

1 Für den Teig Butter mit Eigelb, Zucker, Salz und Milch mischen, Mehl nach und nach dazugeben und mithilfe einer Küchenmaschine rasch zu einem glatten Mürbeteig kneten. Mit den Händen auf einer bemehlten Arbeitsfläche zu einer dicken Scheibe formen, in Frischhaltefolie wickeln und mindestens 1 Stunde in den Kühlschrank stellen.

2 Für die Füllung Kartoffeln waschen, in kochendem Salzwasser mit etwas Kümmel weich kochen, abgießen, ausdampfen lassen, schälen und in gleichmäßige Scheiben schneiden. Fenchelknolle putzen, halbieren, der Länge nach in dünne Scheiben schneiden, in kochendem Salzwasser bissfest blanchieren, in kaltem Wasser abschrecken, abgießen und trockentupfen. Den Stielansatz der Tomaten entfernen. Tomaten 20 Sekunden in kochendes Wasser tauchen, abschrecken, enthäuten, vierteln und entkernen. Quer halbieren.

3 Die Austernpilze putzen, in grobe Stücke zupfen und bei mittlerer Hitze in 2 Esslöffeln Öl in 2 Minuten hellbraun anbraten. Mit Salz und Pfeffer würzen. In einer zweiten Pfanne die Kartoffelscheiben im restlichen Öl von beiden Seiten goldbraun braten, mit Bohnenkraut und Salz würzen. Austernpilze, Fenchel und Tomaten dazugeben, untermischen und beiseite stellen.

4 Für den Eierguss Milch, Sahne, Eigelb und Ei gut miteinander vermischen, durch ein Sieb gießen und mit Salz, Pfeffer und frisch geriebener Muskatnuss würzen.

5 Den Mürbeteig auf einer bemehlten Arbeitsfläche zu einem etwa 30 cm großen und 3 bis 4 mm dünnen Kreis ausrollen. Eine Backform von 22 cm Durchmesser und mindestens 4 cm Höhe sparsam mit Butter einfetten, mit dem Teig belegen, dabei den Teig gut an die Form drücken, überschüssigen Teig abschneiden. Den Teig mit einer Gabel mehrmals einstechen und 30 Minuten in den Kühlschrank stellen.

6 Den Backofen auf 180 °C vorheizen. Das Gemüse mit dem Käse und etwas Eierguss in einer Schüssel mischen. Die Füllung gleichmäßig auf dem Mürbeteig verteilen, mit dem restlichen Eierguss begießen, sodass alles gut bedeckt ist, und den Kuchen in 25 bis 30 Minuten im vorgeheizten Backofen goldbraun backen. Noch heiß in Stücke schneiden und mit einem kleinen gemischten Salat servieren.

Gemüsepavesen mit Frischkäse-Kräuter-Dip

Für den Dip:
Gewürzmischung (je zu gleichen Teilen: Pimentkörner, Korianderkörner, zerbröckelte Zimtrinde, Kardamomkörner, Pfefferkörner, Wacholderbeeren, ganzer Kümmel)
1 rote Paprikaschote
1 EL Olivenöl · 50 ml Gemüsebrühe
200 g Frischkäse · 5 EL Sahne
1 TL klein gehackter Thymian
je 1 EL grob gehackte Petersilie und Basilikum
1 EL frische Schnittlauchröllchen
½ gehackte Knoblauchzehe
1 Msp fein gehackte unbehandelte Zitronenschale
Salz · 1 Prise Cayennepfeffer

Für die Gemüsepavesen:
1 kleine Zwiebel · 100 g Lauch
150 g Champignons · ½ Apfel
2 EL Öl · Salz · Pfeffer aus der Mühle · frisch gemahlener Kümmel
1 EL glatte Petersilie (grob gehackt)
4 Scheiben Toastbrot · 2 Eier
1 EL fein geriebener Hartkäse (z. B. Emmentaler oder Parmesan)
1 EL Milch
frisch geriebene Muskatnuss
100 g frisch geriebenes Weißbrot
Öl zum Ausbacken

Für 4 Personen

1. Für den Dip Piment, Koriander, Zimt, Kardamom, Pfeffer, Wacholder und Kümmel in eine Gewürzmühle füllen. Die Paprikaschote waschen, vierteln, Stielansatz und Kerne entfernen, Paprika mit dem Sparschäler schälen und in kleine Würfel schneiden. In einer Pfanne bei mittlerer Hitze im Olivenöl anschwitzen, mit der Brühe ablöschen, einige Minuten darin leicht köcheln und dann abkühlen lassen.
2. Den Frischkäse mit der Sahne glatt rühren. Die angedünsteten Paprikawürfel mit den Kräutern, dem Knoblauch und der Zitronenschale unterrühren. Mit Salz, Cayennepfeffer und den Gewürzen aus der Mühle abschmecken.
3. Für die Gemüsepavesen die Zwiebel schälen und in kleine Würfel schneiden, den Lauch putzen, waschen und in feine Streifen schneiden. Die Champignons putzen, nicht waschen und klein hacken. Den Apfel waschen, schälen, entkernen und in kleine Würfel schneiden.
4. In einer Pfanne bei milder Hitze in 1 Esslöffel Öl Zwiebeln, Apfelwürfel und Lauch glasig dünsten. Die Champignons in einer heißen Pfanne im übrigen Öl wenige Minuten anbraten und mit Zwiebeln und Lauch vermischen. Mit Salz, Pfeffer und etwas Kümmel würzen und die Petersilie dazugeben und unterrühren.
5. Das Toastbrot noch einmal durchschneiden, sodass jeweils 2 dünne Scheiben entstehen. 4 Toastscheiben mit Gemüsefüllung bestreichen, mit den übrigen Scheiben belegen und diese leicht andrücken. Die Ränder, falls nötig, noch glatt streichen.
6. Die Eier verquirlen, den geriebenen Käse mit der Milch dazugeben und mit Salz, Pfeffer und Muskatnuss würzen. Die Gemüsepavesen erst in Ei, dann in Weißbrotbröseln wenden.
7. Die Pavesen in einer Pfanne mit reichlich Öl bei mittlerer Hitze von beiden Seiten in insgesamt etwa 4 Minuten goldbraun ausbacken. Auf Küchenpapier abtropfen lassen.
8. Die Gemüsepavesen quer halbieren und mit dem Frischkäse-Kräuter-Dip servieren.

Gratinierte Polenta auf Ratatouille-Sauce

Für die Polenta:
¼ l Gemüsebrühe
¼ l Milch
150 g Polenta (Maisgrieß, mittlere Körnung)
2 Eigelb
40 g frisch geriebener Parmesan
1–2 EL braune Butter (siehe S. 10, ersatzweise Olivenöl)
Öl für das Blech

Für die Ratatouille-Sauce:
je 1 rote und gelbe Paprikaschote
1 kleine Zwiebel
1 kleiner Zucchino (150 g)
150 g Auberginen
340 g geschälte Tomaten (aus der Dose)
3 EL Olivenöl
1 gehackte Knoblauchzehe
1 TL Tomatenmark
50 ml Gemüsebrühe
1 Rosmarinzweig
1 Lorbeerblatt
Salz
Cayennepfeffer

Zum Fertigstellen:
2 EL Olivenöl
40 g frisch geriebener Parmesan
Öl für das Blech

Für 4 Personen

1 Für die Polenta Gemüsebrühe und Milch in einem Topf bei mittlerer Hitze zum Köcheln bringen. Langsam die Polenta hineinrieseln lassen, dabei mit einem Schneebesen kräftig umrühren, damit sich keine Klumpen bilden. Die Hitze reduzieren und die Polenta unter ständigem Rühren mit einem Holzlöffel etwa 20 Minuten eindicken lassen, bis ein fester Brei entstanden ist und sich die Polenta vom Topf löst. Den Topf vom Herd nehmen, Eigelb, Parmesan und flüssige braune Butter oder Olivenöl unter die Polenta mischen. Den Maisbrei auf ein leicht geöltes Blech gießen und mit einer feuchten Palette oder einem Löffel zu einem etwa 1 cm hohen Rechteck verstreichen, mit Frischhaltefolie abdecken und vollständig auskühlen lassen.

2 Für die Ratatouille-Sauce die Paprikaschoten waschen, den Stiel entfernen, die Paprikaschoten entkernen und in ½ bis 1 cm kleine Würfel schneiden. Die Zwiebel schälen, halbieren und in kleine Würfel schneiden. Zucchino und Aubergine waschen, Stielansatz entfernen und das Gemüse in kleine Würfel schneiden. Die geschälten Tomaten aus der Dose grob zerkleinern, den Saft dabei auffangen.

3 Zwiebel-, Paprika-, Zucchini- und Auberginenwürfel in einem Topf bei mittlerer Hitze im Öl 2 bis 3 Minuten anschwitzen. Knoblauch und Tomatenmark dazugeben und kurz mitschwitzen lassen. Die Tomatenstücke, Tomatensaft und Gemüsebrühe dazugeben und 30 Minuten bei milder Hitze sanft köcheln lassen. Nach 15 Minuten Rosmarin und Lorbeer hineingeben. Zum Schluss die Gewürze wieder entfernen. Etwa ein Drittel der Sauce mit einem Stabmixer fein pürieren, unter das restliche Gemüse mischen und mit Salz und Cayennepfeffer abschmecken. Warm halten.

4 Zum Fertigstellen der Polenta die Grillfunktion des Backofens einschalten. Mit einem runden Plätzchenausstecher (oder einem Glas) von 5 bis 6 cm Durchmesser Taler aus der kalten Polentamasse ausstechen. Mit Öl einpinseln, großzügig mit dem Parmesan bestreuen und nebeneinander auf ein geöltes Blech setzen. Die Polentataler auf der untersten Einschubleiste des heißen Ofens goldbraun gratinieren lassen. Die gratinierten Polentataler mit der heißen Sauce servieren.

Blumenkohlcurry mit gebratenen Seeteufelmedaillons

Für das Curry:
1 mittelgroße Zwiebel
3 EL Öl
1 kleine, mittelscharfe Chilischote
2 TL Kurkuma
½ TL schwarze Senfsamen
½ TL ganzer Kreuzkümmel
2 Scheiben frischer Ingwer
2 Scheiben Knoblauch
1 Msp frisch gemahlener Kardamom
150 ml Gemüsebrühe
100 ml Kokosmilch
20 g Butter
Salz
1 Blumenkohl (ca. 1 kg)
Pfeffer aus der Mühle

Für den Seeteufel:
8 Seeteufelmedaillons (à 70–80 g, küchenfertig)
Salz · Pfeffer aus der Mühle
1–2 EL Öl

Für 4 Personen

1 Für das Curry die Zwiebel schälen, halbieren, in kleine Würfel schneiden und in einem Topf bei milder Hitze mit 1 Esslöffel Öl glasig dünsten. Chilischote halbieren, entkernen und dazugeben. Kurkuma, Senfsamen, Kreuzkümmel, Ingwer, Knoblauch und Kardamom hinzufügen, kurz mitschwitzen, mit der Gemüsebrühe ablöschen und 5 Minuten knapp unter dem Siedepunkt ziehen lassen. Danach die Kokosmilch dazugießen und die Sauce durch ein feines Sieb gießen. Die Butter in kleinen Stückchen dazugeben und mit dem Stabmixer aufschlagen. Mit Salz und Kardamom abschmecken und warm halten.

2 Den Blumenkohl putzen, den Strunk entfernen, den Blumenkohl in Röschen teilen und diese in ½ cm dicke Scheiben schneiden (nur die schönsten Scheiben verwenden). Die Blumenkohlscheiben in einer Pfanne bei mittlerer Temperatur im restlichen Öl von beiden Seiten hellbraun braten, sodass die Scheiben zwar gar sind, aber noch Biss haben. Mit Salz und Pfeffer würzen.

3 Für die Seeteufelmedaillons den Fisch leicht flach drücken, salzen und pfeffern. In einer Pfanne im Öl bei mittlerer Temperatur von beiden Seiten insgesamt 4 Minuten braten.

4 Zum Anrichten die Sauce nochmals schaumig aufschlagen. Auf vier vorgewärmten Tellern so viel Sauce verteilen, dass ein Saucenspiegel entsteht. Blumenkohl darauf anrichten und jeweils 2 Medaillons pro Teller daneben setzen. Die restliche Sauce separat dazu reichen. Nach Belieben mit einigen Basilikumblättern garnieren.

» Für eine schöne gelbe Farbe kann man die Blumenkohlröschen halbieren und in kochendem Salzwasser mit 1 bis 2 Esslöffeln Currypulver bissfest blanchieren. Die Röschen dann abgießen, abtropfen lassen und in einer Pfanne bei milder Hitze von allen Seiten hell anbraten. «

Schokoladenblaukraut

1–1,2 kg Rotkraut
1 säuerlicher Apfel
Salz
100 ml Rotweinessig
½ kleine Zwiebel
1 Lorbeerblatt
2 Nelken
2 TL Puderzucker
200 ml Rotwein
125 ml Brühe
2 EL Preiselbeeren (aus dem Glas)
4 cm Zimtrinde
2–3 mittelgroße Pflaumen
20 g Bitterschokolade
Salz · 1 Prise Zucker

Für 4 Personen als Beilage

1 Das Rotkraut halbieren, den Strunk entfernen und das Kraut in feine Streifen hobeln. Waschen und gut abtropfen lassen. Den Apfel schälen, entkernen und fein reiben. Das Kraut mit dem geriebenen Apfel, etwas Salz und dem Rotweinessig mischen und etwa 2 Stunden marinieren. Zwiebel schälen und mit Lorbeerblatt und Nelken spicken.

2 Den Puderzucker in einem Topf bei mittlerer Hitze karamellisieren lassen. Blaukraut und die durch die Marinade entstandene Flüssigkeit hinzufügen und kurz anschwitzen. Rotwein, Brühe, gespickte Zwiebel und Preiselbeeren dazugeben und bedeckt bei milder Hitze in etwa 1 ½ Stunden weich dünsten. Dabei immer wieder umrühren.

3 Nach 1 Stunde die Zimtrinde dazugeben. Die Pflaumen waschen, halbieren, in gleich große Spalten schneiden und 10 Minuten vor Ende der Garzeit unter das Blaukraut mischen. Kurz vor dem Servieren die gespickte Zwiebel und den Zimt entfernen, die Schokolade darin schmelzen lassen und mit Salz und Zucker abschmecken.

Bayerischkraut

700 g junges Weißkraut
1 mittelgroße Zwiebel
1 TL Puderzucker
100 ml Weißwein
150 ml Gemüsebrühe
1 Prise frisch gemahlener Kümmel
Salz
Pfeffer aus der Mühle
5 dünne Scheiben gut durchwachsener Speck
1 TL Öl

Für 4 Personen als Beilage

1 Das Weißkraut entstrunken, vierteln, in einzelne Blätter teilen und in 3 cm große Stücke schneiden. Die Zwiebel schälen, halbieren und in kleine Würfel schneiden.

2 Puderzucker in einen breiten Topf stäuben und bei mittlerer Hitze karamellisieren lassen. Zwiebeln und Weißkraut dazugeben und kurz anschwitzen. Mit Weißwein ablöschen, reduzieren lassen und mit der Brühe aufgießen. Das Weißkraut bei milder Hitze in 8 bis 10 Minuten weich dünsten. Mit Kümmel, wenig Salz und Pfeffer würzen.

3 Speckscheiben in ½ bis 1 cm breite Streifen schneiden und in einer Pfanne bei mittlerer Hitze im Öl kross braten. Auf Küchenpapier abtropfen lassen und unter das fertige Kraut mischen. Sofort servieren.

Champagnerkraut

1 dicke Scheibe gut durchwachsener Speck (80 g)
1–2 EL Öl · 1 TL Zucker
1 große Zwiebel · 1 kg Sauerkraut
150 ml Champagner (oder Sekt)
½ l Gemüsebrühe
1 EL Apfelmus
5 schwarze Pfefferkörner
2 angedrückte Wacholderbeeren
1 Lorbeerblatt
Salz · Zucker
80 g Sahne · 30 g Butter

Für 4 Personen als Beilage

1 Die Speckscheibe in einem Topf bei mittlerer Hitze im Öl von beiden Seiten anbraten. Etwas Zucker darüber streuen und leicht karamellisieren lassen.

2 Die Zwiebel schälen, halbieren und in kleine Würfel schneiden. Mit dem Sauerkraut in den Topf geben, kurz anschwitzen und mit Champagner oder Sekt ablöschen. Den Champagner fast ganz reduzieren lassen, mit der Brühe aufgießen und etwa 35 Minuten bei milder Hitze schmoren. Nach 20 Minuten Apfelmus, Pfeffer, Wacholderbeeren und Lorbeerblatt dazugeben.

3 Nach Garzeitende Speck und Gewürze entfernen. Das Champagerkraut mit Salz und Zucker abschmecken, mit Sahne verfeinern und die Butter darin schmelzen lassen.

Süßsaures Kartoffel-Lauch-Gemüse

1 Stange Lauch (der weiße Teil)
1 Möhre
800 g kleine fest kochende Kartoffeln
1 TL Puderzucker · ⅛ l Weißwein
2–3 EL Weißweinessig
ca. 400 ml Gemüsebrühe
5 Pimentkörner · 1 Lorbeerblatt
1 getrocknete Chilischote
½ Knoblauchzehe
1 Scheibe frischer Ingwer
80 g Sahne
Salz · Pfeffer aus der Mühle
20 g Butter · 4 kleine Gewürzgurken
1 EL glatte Petersilie (grob gehackt)
frisch geriebene Muskatnuss

Für 4 Personen als Beilage

1 Den Lauch putzen, halbieren, waschen und in 1 bis 2 cm breite Streifen schneiden. Die Möhre schälen und schräg in dünne Scheiben schneiden. Die Kartoffeln waschen, schälen und der Länge nach in Viertel schneiden.

2 Den Puderzucker in einen Topf stäuben und bei mittlerer Hitze karamellisieren, mit Weißwein und Essig ablöschen und bis auf ein Drittel reduzieren lassen. Kartoffelviertel und Möhrenscheiben dazugeben, mit Gemüsebrühe aufgießen und 12 bis 15 Minuten sanft köcheln lassen. Nach 10 Minuten Lauchstreifen, Pimentkörner, Lorbeerblatt, Chilischote, Knoblauch und Ingwer dazugeben.

3 Wenn das Gemüse weich ist, die Sahne hinzufügen. Den Sud mit Salz, und Pfeffer abschmecken, Piment, Lorbeer, Chilischote, Knoblauch und Ingwer wieder entfernen und die Butter darin schmelzen lassen. Die Gewürzgurken halbieren und mit der Petersilie unter das fertige Kartoffel-Lauch-Gemüse mischen. Zum Schluss eine Prise Muskatnuss über das Gemüse reiben.

Nudeln & Reis

Bergbauernravioli mit Salbeibutter

Für den Nudelteig:
140 g Mehl
60 g Weizengrieß
1 Ei
1 Eigelb
2 EL Olivenöl
Salz

Für die Füllung:
ca. 450 g Spinatblätter
Salz
1 kleine Zwiebel
10 g Butter
150 g Sahnequark
50 g geriebener, würziger Bergkäse
Pfeffer aus der Mühle
frisch geriebene Muskatnuss
1 EL braune Butter (siehe S. 10)
1 TL Thymianblättchen
12 Wachteleier (aus dem Feinkostladen)

Zum Fertigstellen:
Salz
50 g Butter
12 schöne Salbeiblätter
1 EL braune Butter (siehe S. 10)
grob geraspelter Bergkäse

Für 4 Personen

1 Für den Nudelteig Mehl, Weizengrieß, Ei, Eigelb, Olivenöl und 1 Prise Salz mithilfe einer Küchenmaschine zu einem glatten, elastischen Teig verkneten. Den Teig in Frischhaltefolie wickeln und mindestens 30 Minuten im Kühlschrank ruhen lassen.

2 Für die Füllung die Spinatblätter putzen und waschen. In kochendem Salzwasser blanchieren, in Eiswasser abschrecken, abgießen, mit den Händen gut ausdrücken und fein hacken. Die Zwiebel schälen, in sehr kleine Würfel schneiden und mit der Butter in einer Pfanne bei milder Hitze glasig dünsten. Gehackten Spinat mit Zwiebelwürfeln, Quark und Bergkäse gut mischen und mit Salz, Pfeffer, Muskatnuss und brauner Butter würzig abschmecken. Thymianblättchen fein hacken und unter die Spinat-Käse-Füllung heben. Die Wachteleier vorsichtig trennen und das Eiweiß verquirlen.

3 Den Teig vierteln und mithilfe einer Nudelmaschine oder einem Nudelholz zu 4 langen, dünnen Teigbahnen ausrollen, dabei mit etwas Mehl bestäuben. Bis zur Weiterverwendung mit Frischhaltefolie bedecken.

4 Die Spinat-Käse-Füllung in einen Spritzbeutel mit großer Öffnung füllen. Die Hälfte der Teigbahnen dünn mit Eiweiß bestreichen. Darauf die Füllung in 12 kleinen Kränzen im Abstand von etwa 8 cm spritzen. In die Mitte der Kränze ein Wachteleigelb vorsichtig hineingleiten lassen und die restlichen Teigbahnen locker und so glatt wie möglich darüber legen. Die obere Teigplatte mit den Fingern um die Füllung herum andrücken und dabei die Ränder ohne Luftblasen verschließen. Mit einem runden Ausstecher (etwa 8 cm Durchmesser) Ravioli ausstechen und bis zum Kochen auf ein mit Grieß bestreutes Brett oder Tablett legen.

5 Zum Fertigstellen die Ravioli in siedendem Salzwasser 2 Minuten ziehen lassen. Die Butter in einer Pfanne bei milder Hitze schmelzen lassen, Salbeiblätter und braune Butter dazugeben, leicht salzen und die Ravioli in der flüssigen Butter schwenken. Jeweils 3 Stück auf vorgewärmte Teller verteilen, mit etwas Butter beträufeln und mit Bergkäse und den Salbeiblättern bestreuen.

Mangoldlasagne mit Champignons und Speck

Für die Füllung:

500 g Mangold
2 mittelgroße Kohlrabi
300 g grüner Spargel
Salz
200 g Champignons
2 EL Öl
Pfeffer aus der Mühle
150 g gut durchwachsener Speck (in dünnen Scheiben)
12 Lasagneblätter
Olivenöl zum Bestreichen

Für die Sauce:

½ l Milch
200 g Sahne
35 g Butter
40 g Mehl
1 Lorbeerblatt
1 Streifen unbehandelte Zitronenschale
Salz
1 Prise Cayennepfeffer
frisch geriebene Muskatnuss

Zum Fertigstellen:

flüssige Butter für die Form
300 g geriebener Hartkäse (z. B. Emmentaler)

Für 4–6 Personen

1 Für die Füllung den Mangold waschen und die Blätter von den Stielen schneiden. Die Stiele schälen und in 2 cm breite Stücke schneiden. Die Blätter in breite Streifen schneiden. Den Kohlrabi schälen, halbieren und in ½ cm breite Scheiben schneiden. Das untere Drittel des Spargels schälen und die Enden abschneiden. Spargel der Länge nach halbieren und in 3 cm lange Stücke schneiden.

2 Mangoldblätter und -stiele, Kohlrabi und Spargel nacheinander in Salzwasser blanchieren, in kaltem Wasser abschrecken und abtropfen lassen. Die Champignons putzen, nicht waschen, vierteln und in einer heißen Pfanne in 1 Esslöffel Öl kurz anbraten. Leicht salzen und pfeffern. Den Speck in breite Streifen schneiden und in einer Pfanne im restlichen Öl kross anbraten, abtropfen lassen.

3 Die Lasagneblätter in Salzwasser etwa 5 Minuten kochen, herausnehmen, etwas ausdampfen lassen und mit Olivenöl bepinseln.

4 Für die Béchamelsauce Milch und Sahne erhitzen. Die Butter in einem Topf bei milder Hitze zerlassen. Mehl in den Topf sieben, gut mit der Butter mischen und einige Minuten anschwitzen, ohne das Mehl dabei zu bräunen. Die Milch langsam dazugießen, dabei mit einem Schneebesen gut umrühren, damit sich keine Klümpchen bilden. Die Sauce bei milder Hitze 20 Minuten unter gelegentlichem Rühren sanft köcheln lassen. Nach 10 Minuten Lorbeerblatt und Zitronenschale hineingeben. Gewürze zum Schluss wieder entfernen und die Sauce mit Salz, Cayennepfeffer und Muskatnuss abschmecken.

5 Zum Fertigstellen den Backofen auf 175 °C vorheizen. Eine tiefe Auflaufform von etwa 20 x 30 cm mit Butter einpinseln. 3 Lasagneblätter nebeneinander auf den Boden der Form legen. Ein Drittel des Gemüses mit einem Drittel der Speckscheiben gleichmäßig darauf streuen. Etwa ein Viertel der Sahnesauce darüber träufeln, etwas Käse darauf streuen und mit 3 Lasagneblättern belegen. Den Vorgang mit den übrigen Zutaten noch zweimal wiederholen und die restliche Sahnesauce auf der Lasagne verteilen, mit dem restlichen Käse bestreuen.

6 Die Lasagne im vorgeheizten Backofen 40 bis 50 Minuten goldbraun backen und heiß servieren.

Buchweizennudeln mit Spinat, Bohnen und Kartoffeln

Für die Buchweizennudeln:

300 g Buchweizenmehl (aus dem Reformhaus)
150 g Weizenmehl
½ TL Salz
Grieß zum Aufbewahren

Für die Einlage:

150 g feine grüne Bohnen (Keniabohnen)
Salz
200 g junge Spinatblätter
200 g halbfester Weichkäse (z. B. Fontina)
250 g Kartoffeln
1 mittelgroße Zwiebel
2 EL Olivenöl
¼ l Gemüsebrühe
frische Salbeiblätter
1 Knoblauchzehe (in Scheiben)

Zum Fertigstellen:

50 g Butter
Cayennepfeffer

Für 4 Personen

1 Für die Nudeln Buchweizen- und Weizenmehl in eine große Schüssel sieben. Salz und etwa 300 ml Wasser dazugeben und alles mit der Küchenmaschine zu einem glatten, elastischen Nudelteig kneten. Falls der Teig zu hart ist, noch etwas Wasser hinzufügen. Den Teig in Frischhaltefolie wickeln und mindestens 30 Minuten ruhen lassen.

2 Teig in 4 Stücke schneiden und jedes Stück mithilfe einer Nudelmaschine oder eines Nudelholzes zu möglichst dünnen Teigbahnen ausrollen. Dabei den Teig immer wieder mit Mehl bestäuben. Die fertigen Teigbahnen kurz antrocknen lassen und anschließend in ½ cm breite Nudeln schneiden. Die fertigen Nudeln bis zum Gebrauch auf einer mit Grieß bestreuten Unterlage aufbewahren.

3 Für die Einlage die Bohnen putzen, halbieren, in kochendem Salzwasser bissfest blanchieren, in kaltem Wasser abschrecken und gut abtropfen lassen. Die Spinatblätter putzen, waschen, trockenschütteln und je nach Größe in grobe Streifen schneiden. Käse entrinden und in 1 cm große Würfel schneiden. Kartoffeln waschen, schälen, in 1 bis 2 cm große Würfel scheiden. Zwiebel schälen, in kleine Würfel schneiden und in einem breiten Topf bei milder Hitze im Öl glasig dünsten. Kartoffeln dazugeben, mit Brühe aufgießen und die Kartoffeln in etwa 10 Minuten weich köcheln. Salbeiblätter grob hacken und mit den Knoblauchscheiben nach 5 Minuten zu den Kartoffeln geben.

4 Nudeln in reichlich siedendem Salzwasser in 3 bis 4 Minuten gar kochen und abgießen.

5 Zum Fertigstellen Bohnen und Spinat zu den Kartoffeln geben. Die Butter in dem Gemüse schmelzen lassen und die Nudeln unterheben. Mit Salz und Cayennepfeffer würzen und zum Schluss die Käsewürfel unter die heißen Nudeln mischen. Sofort in vorgewärmten Tellern servieren.

»Zu den Nudeln passen noch gut kleine Tomatenstückchen. Dafür die Tomaten enthäuten, vierteln, entkernen und in kleine Würfel schneiden. Zusammen mit den Bohnen im Kartoffelsud erwärmen.«

Spaghetti mit Rucola

350–400 g Spaghetti
Meersalz · 1 EL Olivenöl
1 Bund Rucola
100 ml Geflügel- oder Gemüsebrühe
1 kleine Chilischote (ersatzweise 1 Prise Cayennepfeffer)
2 Scheiben Knoblauch · 30 g Butter
einige Tropfen Trüffelöl
Salz · Pfeffer aus der Mühle
2 EL frisch geriebener Parmesan

Für 4 Personen

1 Die Spaghetti in reichlich siedendem Salzwasser bissfest kochen, dabei gelegentlich umrühren. In ein Sieb gießen und gut abtropfen lassen, nicht mit Wasser abspülen, die Nudeln auf einer sauberen Arbeitsfläche ausbreiten, kurz ausdampfen lassen und mit dem Olivenöl vermischen.

2 Den Rucola waschen, trockenschütteln und grob hacken. Die Brühe in einem Topf mit der Chilischote oder dem Cayennepfeffer, dem Knoblauch, der Butter und einigen Tropfen Trüffelöl erhitzen und die Nudeln hinzugeben. Sobald die Nudeln heiß sind, den gehackten Rucola unterheben, mit Salz und Pfeffer abschmecken und mit frisch geriebenem Parmesan bestreuen. Sofort servieren.

Geröstete Nudeln mit Erbsen

350 g bunte, kurze Nudeln (z. B. Penne, Spirelli)
Salz · 2 EL Olivenöl
250 g kalter Braten · 2 Cabanossi
40 g Butter
200 g blanchierte Erbsen
1–2 EL grob gehackte Kräuter (z. B. Petersilie, Basilikum, Schnittlauch, Dill, Majoran, Rucola) · Pfeffer aus der Mühle
frisch geriebene Muskatnuss
2 Eier · 4 EL Sahne
1 EL frisch geriebener Parmesan

Für 4 Personen

1 Die Nudeln in reichlich Salzwasser bissfest kochen, auf einem Sieb abgießen, etwas ausdampfen lassen und mit Olivenöl vermischen.

2 Den kalten Braten erst in Scheiben und dann in etwa 1 cm breite Streifen schneiden. Die Cabanossi in Scheiben schneiden.

3 Die Nudeln in einer großen Pfanne in der Butter bei mittlerer Hitze anbraten. Die Bratenstreifen und die Wurstscheiben hinzufügen, noch etwas mitrösten, die Erbsen dazugeben, die Kräuter hineinstreuen und mit Salz, Pfeffer und etwas Muskatnuss würzen.

4 Als Variante können die Nudeln noch mit Ei gebunden werden. Dazu die Eier mit der Sahne verquirlen, mit Salz, Pfeffer und Muskatnuss würzen und mit dem Parmesan vermischen. Das Ganze unter die Nudeln ziehen.

» Für dieses Gericht kann auch gekochter Schinken oder gekochtes Geflügelfleisch verwendet werden. «

Rigatoni mit Endivien und Kürbis

Für die Sauce:

½ Kopf Endiviensalat
2 Schalotten · 150 g Kürbis
1 rote Paprikaschote
1 Käsekrainer
2 Scheiben Knoblauch
2 EL Olivenöl · 100 ml Brühe
1 Scheibe frischer Ingwer
1 Lorbeerblatt · Salz
Szechuanpfeffer aus der Mühle
30 g Butter
1 EL Kerbel (grob gehackt)

Für die Nudeln:

350 g Rigatoni · Salz · 1 EL Olivenöl

Für 4 Personen

1 Für die Sauce den Salat in Blätter zerteilen, waschen, trockenschleudern und in etwa 1 cm breite Streifen schneiden. Schalotten schälen, halbieren und in dünne Spalten schneiden. Kürbis schälen, zuerst in dünne Scheiben, dann in etwa 5 cm lange und 1 cm breite Stifte schneiden. Paprika waschen, halbieren, entkernen und in genauso große Stifte schneiden. Käsekrainer in dünne Scheiben schneiden.

2 Knoblauch in einer Pfanne bei mittlerer Hitze im Öl kurz anschwitzen, Kürbis, Schalotten und Paprika dazugeben, kurz mitschwitzen lassen, mit Brühe ablöschen. Ingwer und Lorbeerblatt hineingeben. Das Gemüse bei milder Hitze in 3 bis 4 Minuten weich dünsten. Mit Salz und Szechuanpfeffer würzen, die Butter darin schmelzen lassen.

3 Rigatoni in reichlich Salzwasser bissfest kochen, in ein Sieb gießen, abtropfen lassen, mit dem Öl mischen und sofort in die Sauce geben. Endiviensalat und Käsekrainer untermischen, erwärmen. Gewürze entfernen, nochmals abschmecken und mit Kerbel bestreuen.

Paella

400 g Riesengarnelen
1 Zwiebel
1 Lorbeerblatt
3 Gewürznelken
300 g Miesmuscheln
Salz
6 EL Olivenöl
100 ml Weißwein
½ l Geflügelbrühe
1 Döschen Safranfäden
1 TL Paprikapulver (edelsüß)
1 Prise Cayennepfeffer
1 rote Paprikaschote
Öl zum Bestreichen
2 Kaninchenkeulen
Pfeffer aus der Mühle
1 EL Schweineschmalz
400 g Rundkornreis
2 Knoblauchzehen
250 g gemischte Fischfilets (ohne Haut und Gräten)
80 g blanchierte Erbsen
1 EL fein geschnittene Petersilie

Für 4 Personen

1 Das Schwanzfleisch der Garnelen aus der Schale lösen und den Darm entfernen. Die Schalen und die Köpfe gründlich waschen und abtropfen lassen. Die Zwiebel schälen, mit Lorbeerblatt und Nelken spicken. Muscheln gründlich säubern, geöffnete Exemplare aussortieren. In einem Topf etwas Salzwasser aufkochen, die Muscheln hineingeben und zugedeckt dämpfen, bis sie sich öffnen. In einem Sieb abtropfen lassen, ungeöffnete aussortieren.

2 In einem Topf 2 Esslöffel Olivenöl erhitzen und die Garnelenschalen und -köpfe anbraten. Weißwein dazugießen, reduzieren lassen und mit Brühe aufgießen. Die gespickte Zwiebel hineinlegen, einmal aufkochen und 15 Minuten ziehen lassen. Anschließend durch ein Sieb gießen und mit Safranfäden, Paprika und Cayennepfeffer würzen.

3 Die Grillfunktion des Backofens einschalten, die Paprikaschote halbieren, Stielansatz und Kerne entfernen, Paprikaschote waschen und mit der Hautseite nach oben auf ein Backblech legen. Mit Öl bestreichen und grillen, bis die Haut dunkle Blasen wirft. Etwas abkühlen lassen, häuten und in Streifen schneiden.

4 Die Kaninchenkeulen auslösen, in 4 bis 5 Stücke teilen, salzen und pfeffern. In einer Pfanne 2 Esslöffel Olivenöl und das Schweineschmalz bei mittlerer Temperatur erhitzen, die Kaninchenteile darin rundherum anbraten und aus der Pfanne nehmen. Den Reis etwa 3 Minuten in der Pfanne anschwitzen. Den heißen Sud angießen, unterrühren, die Kaninchenteile darauf verteilen und etwa 25 Minuten mehr ziehen als köcheln lassen.

5 Knoblauchzehen schälen und klein hacken. Die Fischfilets in 2 cm große Würfel schneiden. Garnelen und Fischwürfel mit Salz und Pfeffer würzen und im restlichen Olivenöl nacheinander kurz anbraten, Paprika und Erbsen untermischen. Nach 20 Minuten zusammen mit dem Knoblauch unter den Reis rühren. Noch 5 Minuten darin ziehen lassen. Zum Schluss die Muscheln auf die Paella geben und mit der Petersilie bestreuen.

» Statt Kaninchenfleisch können natürlich auch Geflügelkeulen verwendet werden. «

Fenchel-Apfel-Risotto mit Safran

Für das Risotto:
1 große Fenchelknolle (mit Fenchelgrün)
1 Zwiebel · 4 EL Olivenöl
250 g Risottoreis
100 ml Weißwein
3/4 l heiße Gemüsebrühe
1 Scheibe Knoblauch
1 Scheibe frischer Ingwer
1 Streifen unbehandelte Zitronenschale
einige Safranfäden
Salz · Pfeffer aus der Mühle

Zum Fertigstellen:
1 großer Apfel
1 TL Puderzucker
3 EL Gemüsebrühe
40 g Butter
50 g frisch geriebener Parmesan

Für 4 Personen

1 Für das Risotto den Fenchel putzen, vierteln, entstrunken und in 1/2 cm breite Streifen schneiden. Fenchelgrün aufbewahren. Zwiebel schälen, halbieren, in kleine Würfel schneiden und in einem breiten Topf bei milder Hitze im Öl glasig dünsten. Reis dazugeben und so lange mitschwitzen lassen, bis die Reiskörner heiß und glasig sind. Fenchelstreifen unterrühren und mit Weißwein ablöschen. Weißwein vollständig reduzieren lassen und mit etwas heißer Gemüsebrühe aufgießen. Unter ständigem Rühren immer wieder etwas Flüssigkeit dazugeben und vom Reis aufsaugen lassen, bis die Reiskörner weich sind, aber noch Biss haben. Nach 10 Minuten Knoblauch, Ingwer, Zitronenschale und Safranfäden hinzufügen.

2 In der Zwischenzeit den Apfel waschen, vierteln, entkernen und in 1 cm große Spalten schneiden. Puderzucker in eine Pfanne stäuben und bei mittlerer Hitze karamellisieren lassen. Apfelspalten dazugeben, kurz anbraten, mit etwas Brühe ablöschen und 10 g Butter darin schmelzen lassen. Gut durchschwenken.

3 Zum Fertigstellen Knoblauch, Ingwer und Zitronenschale aus dem Risotto entfernen. Das Risotto mit Salz und Pfeffer abschmecken. Restliche Butter, die karamellisierten Apfelspalten und den Parmesan unter das Risotto heben. Fenchelgrün grob hacken und das Risotto damit bestreuen. Sofort servieren.

» Bei der Zubereitung von Risotto verwendet man immer heiße Flüssigkeit, damit die Reiskörner gleichmäßig gar werden. Gibt man kalte Brühe ins Risotto, wird der Garprozess immer wieder unterbrochen. Die notwendige Flüssigkeitsmenge ist je nach Reissorte verschieden. Ist das Risotto zu trocken, gibt man einfach noch etwas heiße Brühe dazu. «

Reiskrapfen auf Schwammerlragout

Für die Füllung:

ca. 400 ml Geflügelbrühe
150 g Risottoreis (Rundkornreis)
2 EL Olivenöl · 100 ml Weißwein
2 Streifen unbehandelte Limettenschale
1 Scheibe Knoblauch
80 g gut durchwachsener Speck (in dünnen Scheiben)
½ Zwiebel · 1 EL Öl
80 g grob geriebener Bergkäse
2 Eigelb · 2 EL doppelgriffiges Mehl
1 Msp fein gehackte unbehandelte Limettenschale
Salz · Pfeffer aus der Mühle
1 EL braune Butter (siehe S. 10)
2 EL glatte Petersilie (grob gehackt)

Für den Teig:

125 g Mehl · 125 g Speisestärke
30 g Backpulver
½ TL frischer Thymian (gehackt)
Salz · 1 Prise Cayennepfeffer
Fett für die Fritteuse

Für das Schwammerlragout:

½ Zwiebel · 1 EL Öl
200 ml Geflügelbrühe
80 g Sahne · 20 g Butter
Salz · 1 Prise Cayennepfeffer
1 EL glatte Petersilie (grob gehackt)
200 g gemischte Pilze (geputzt)
1 TL Öl · 10 g Butter · Salz

Für 4 Personen

1 Für die Füllung die Geflügelbrühe in einem Topf erhitzen. Den Reis in einem zweiten Topf im Öl bei milder Hitze glasig anschwitzen, mit Weißwein ablöschen, reduzieren lassen und mit etwas heißer Geflügelbrühe aufgießen. Unter ständigem Rühen immer wieder Brühe dazugeben, bis der Reis weich ist, aber noch Biss hat. Nach 10 Minuten Limettenschale und Knoblauch hinzufügen. Sobald der Reis gar ist, die Gewürze entfernen und den Reis in einer Schüssel auskühlen lassen.

2 Die Speckscheiben in dünne Streifen schneiden. Die Zwiebel schälen, in möglichst kleine Würfel schneiden und zusammen mit dem Speck in einer Pfanne bei mittlerer Hitze im Öl 1 bis 2 Minuten braten. Speck-Zwiebel-Mischung, Bergkäse, Eigelb, Mehl und Limettenschale unter den ausgekühlten Reis geben und zu einer kompakten Masse vermischen. Die Reisfüllung mit Salz, Pfeffer und der braunen Butter abschmecken. Petersilie unterheben und aus der Masse kleine Kugeln von 3 cm Durchmesser formen. Diese leicht in Mehl wenden.

3 Für den Teig Mehl und Speisestärke in eine Schüssel sieben und mit Backpulver mischen. Unter Rühren langsam etwas kaltes Wasser dazugeben, bis ein zähflüssiger Teig entsteht. Den Thymian untermischen und mit Salz und Cayennepfeffer würzen. Die Fritteuse auf 160 °C erhitzen.

4 Für das Schwammerlragout Zwiebel schälen, in kleine Würfel schneiden und in einer Pfanne bei mittlerer Hitze im Öl glasig dünsten. Mit der Geflügelbrühe ablöschen, 5 Minuten köcheln lassen. Sahne hinzufügen, erhitzen und die Butter darin schmelzen lassen. Die Sauce mit Salz und Cayennepfeffer abschmecken und zum Schluss die Petersilie dazugeben.

5 In der Zwischenzeit die Pilze je nach Größe halbieren oder vierteln und in einer Pfanne bei mittlerer Hitze in Öl und Butter 1 bis 2 Minuten anbraten. Leicht salzen und unter die heiße Sauce mischen.

6 Die Reisbällchen nacheinander in den Teig tauchen und im heißen Öl goldbraun frittieren. Die fertigen Reiskrapfen auf Küchenpapier abtropfen lassen, leicht salzen und mit der heißen Pilzsauce servieren.

» Der Reis für die Bällchen kann auch gut schon am Vortag gekocht werden. «

Risotto mit Flusskrebsen

Für die Flusskrebse:

12 Flusskrebse (beim Fischhändler vorbestellen)
Salz · 1 Prise ganzer Kümmel
1 mittelgroße Zwiebel · ½ Möhre
2 Stangen Staudensellerie
½ Fenchelknolle
2 reife Tomaten
2 EL Olivenöl
1 TL Tomatenmark
1 TL Ketchup
50 ml Weißwein
4 cl Cognac
1,2 l Gemüsebrühe
1 Lorbeerblatt
1 Scheibe frischer Ingwer
1 ungeschälte Knoblauchzehe
1 Streifen unbehandelte Zitronenschale

Für das Risotto:

1 kleine Zwiebel
3 EL Olivenöl
300 g Risottoreis (Arborio)
1 Scheibe Knoblauch
1 Scheibe frischer Ingwer
1 Streifen unbehandelte Zitronenschale
Salz · 1 Prise Cayennepfeffer
20 g Butter
50 g frisch geriebener Parmesan

Zum Fertigstellen:

30 g Butter · Salz
1 TL grob geschnittener Estragon

Für 4 Personen

1 Die Flusskrebse 3 Minuten in siedendem Salzwasser mit etwas Kümmel glasig durchziehen lassen und in kaltem Wasser abschrecken. Die Krebsschwänze vom Körper trennen, schälen und den Darm entfernen. Die Scheren aus den Schalen brechen und das Krebsfleisch bis zur weiteren Verwendung zugedeckt im Kühlschrank aufbewahren.

2 Den Backofen auf 170 °C vorheizen. Die Krebsschalen gründlich waschen, mit einer Schere grob zerkleinern und auf einem Blech im Ofen 10 bis 15 Minuten rösten.

3 Zwiebel und Möhre schälen. Staudensellerie und Fenchel putzen und das Gemüse in dünne Scheiben schneiden. Die Tomaten waschen, den Strunk entfernen und die Tomaten vierteln. Die Krebsschalen aus dem Backofen nehmen, in ein Geschirrtuch wickeln und mit einem breiten Messerrücken oder einem Nudelholz möglichst fein zerkleinern.

4 Das Olivenöl in einem Topf bei mittlerer Temperatur erhitzen, die Schalen dazugeben, kurz rösten, Tomatenmark und Ketchup dazugeben und kurz mitschwitzen lassen. Das Gemüse hinzufügen, anschwitzen, mit Weißwein und Cognac ablöschen, die Flüssigkeit sirupartig reduzieren lassen und mit der Gemüsebrühe aufgießen. Den Krebsfond gut 20 Minuten bei milder Hitze mehr ziehen als köcheln lassen. Nach 10 Minuten Lorbeerblatt, Ingwer, Knoblauch und Zitronenschale hineingeben. Den fertigen Fond durch ein feines Sieb gießen, 1 Liter davon abmessen und warm halten.

5 Für das Risotto die Zwiebel schälen, in kleine Würfel schneiden und in einem breiten Topf bei milder Hitze im Öl kurz anschwitzen. Den Reis dazugeben und so lange mitschwitzen lassen, bis die Reiskörner glasig sind. Mit etwas Krebsfond aufgießen. Unter ständigem Rühren immer wieder etwas Flüssigkeit dazugeben und vom Reis aufsaugen lassen, bis die Reiskörner weich sind, aber noch Biss haben. Nach 10 Minuten Knoblauch, Ingwer und Zitronenschale mit in das Risotto geben. Sobald der Reis fertig ist, die Gewürze wieder entfernen, das Risotto mit Salz und Cayennepfeffer würzen, die Butter darin schmelzen lassen und zum Schluss den Parmesan unterrühren. Nochmals abschmecken.

6 Zum Fertigstellen die Krebsschwänze und Scheren in einer Pfanne bei milder Hitze in der Butter erwärmen, leicht salzen, mit Estragon bestreuen und auf dem fertigen Risotto verteilen.

Lamm-Pilaw

Für das Lamm:
1 EL Rosinen · 2 EL Cognac
750 g Lammschulter (ausgelöst)
2–3 EL Öl · Salz
1 TL Puderzucker
1 EL Tomatenmark
150 ml Rotwein
ca. ½ l Geflügelbrühe
1 große Zwiebel
150 g Knollensellerie
2 Möhren
2 Scheiben Knoblauch

Für den Reis:
½ Zwiebel
2 EL Olivenöl
200 g Basmatireis
400 ml Geflügelbrühe
je 1 Streifen unbehandelte Zitronen- und Limettenschale
1 Lorbeerblatt
1 Zacken Sternanis
2 cm Zimtrinde

Zum Fertigstellen:
2 EL Mandelblättchen
Salz · Cayennepfeffer
frisch gemahlener Kardamom

Für 4 Personen

1 Für das Lamm die Rosinen heiß waschen und mindestens 2 Stunden oder am besten über Nacht im Cognac einweichen.

2 Lammfleisch von Sehnen und Häuten befreien, in 2 bis 3 cm große Würfel schneiden und in einem breiten Topf bei mittlerer Hitze im Öl von allen Seiten gut anbraten. Die Fleischwürfel salzen und aus dem Topf nehmen. Puderzucker in den heißen Topf stäuben, karamellisieren lassen, Tomatenmark dazugeben, kurz anrösten und mit Rotwein ablöschen. Rotwein sirupartig reduzieren lassen, Lammwürfel wieder dazugeben und mit Brühe aufgießen, sodass das Fleisch vollständig bedeckt ist.

3 Zwiebel, Sellerie und Möhren schälen, in 1 cm große Würfel schneiden, in den Topf geben und unterrühren. Das Lammfleisch zugedeckt bei milder Hitze knapp unter dem Siedepunkt etwa 1 Stunde schmoren lassen, bis es weich ist. Nach 45 Minuten den Knoblauch dazugeben.

4 Für den Reis den Backofen auf 180 °C vorheizen. Zwiebel schälen, in kleine Würfel schneiden und in einem breiten Topf bei mittlerer Hitze im Öl glasig dünsten. Basmatireis dazugeben, unterrühren, mit der Brühe ablöschen und bei milder Hitze zum Köcheln bringen. Zitrusschalen, Lorbeerblatt, Sternanis und Zimt dazugeben und den Reis zugedeckt im heißen Backofen 14 Minuten garen. Den Topf aus dem Ofen nehmen. Den Reis mit einer Gabel auflockern und die Gewürze dabei entfernen.

5 Zum Fertigstellen die Mandelblättchen in einer Pfanne bei mittlerer Hitze ohne Öl hell anrösten und abkühlen lassen. Den fertigen Reis und die Rosinen unter das heiße Lammragout heben. Den Pilaw mit Salz, Cayennepfeffer und Kardamom abschmecken und 5 Minuten ziehen lassen. Nochmals abschmecken und die Knoblauchscheiben entfernen. Den Pilaw mit Mandelblättchen bestreuen und heiß servieren.

» Beim Garen des Reises sollte der Topf gut verschlossen sein, damit der Reis gleichmäßig dämpft und nicht austrocknet. Je nach Reissorte variiert die Garzeit, deshalb die Packungsbeilage beachten. «

Fisch & Meeresfrüchte

Rotbarsch in der Brotkruste auf Mangoldgemüse

Für das Mangoldgemüse:
100 g getrocknete weiße Bohnen
1 ungeschälte Knoblauchzehe
1 Lorbeerblatt
1 Zweig Bohnenkraut (ersatzweise Thymian)
Salz
500 g Mangold (am besten junger Mangold)
4 reife Tomaten
1 kleine Zwiebel
40 g Butter
2 Scheiben Knoblauch
1/8 l Gemüsebrühe
Pfeffer aus der Mühle
frisch gemahlener Koriander

Für den Fisch:
4 Rotbarschfilets (à 150 g, ohne Haut und Gräten)
8 hauchdünne, große Scheiben Ciabattabrot (vom Vortag)
Salz
Pfeffer aus der Mühle
1 TL frische Thymianblättchen
4 EL Olivenöl

Für 4 Personen

1 Für das Mangoldgemüse weiße Bohnen über Nacht in kaltem Wasser einweichen. Die Bohnen abgießen und mit frischem Wasser aufkochen, Hitze reduzieren und die Bohnen je nach Sorte in etwa 45 Minuten weich köcheln. Nach 25 Minuten Knoblauch, Lorbeerblatt und Bohnenkraut dazugeben. Die Bohnen erst kurz vor Ende der Garzeit salzen. Abgießen, Gewürze entfernen und die Bohnen beiseite stellen.

2 Mangold putzen und die Blätter von den Stielen schneiden. Die Blätter entstrunken, in reichlich kochendem Salzwasser kurz blanchieren, in kaltem Wasser abschrecken, abtropfen lassen, gut ausdrücken und grob hacken. Die Mangoldstiele putzen, schräg in etwa 2 cm breite Rauten schneiden und ebenfalls in kochendem Salzwasser bissfest blanchieren, abschrecken und abtropfen lassen.

3 Die Tomaten waschen, die Stielansätze entfernen und die Tomaten etwa 20 Sekunden in kochendes Wasser tauchen. In kaltem Wasser abschrecken und häuten. Die Tomaten vierteln, entkernen und quer halbieren. Zwiebel schälen, halbieren, in kleine Würfel schneiden und in einem breiten Topf in 20 g Butter glasig dünsten. Mangoldblätter und -stiele mit dem Knoblauch dazugeben, kurz mitdünsten und mit Brühe ablöschen. Bohnen und Tomaten hinzufügen und erwärmen. Mit Salz, Pfeffer und 1 Prise Koriander abschmecken. Die restliche Butter hinzufügen und darin schmelzen lassen

4 Für den Fisch die Rotbarschfilets so zuschneiden, dass sie etwas kleiner als die Brotscheiben sind, von beiden Seiten salzen und pfeffern. Mit Thymianblättchen bestreuen und wie ein Sandwich zwischen jeweils 2 Ciabattascheiben legen. Die Brotscheiben gut andrücken. Die Filets in einer Pfanne im Öl bei mittlerer Hitze von beiden Seiten in insgesamt 4 bis 5 Minuten kross braten. Aus der Pfanne nehmen, auf Küchenpapier abtropfen lassen und mit Mangoldgemüse servieren.

» Um Zeit zu sparen, kann man statt der getrockneten Bohnen weiße Bohnen aus der Dose verwenden. Dafür die Bohnen abgießen, mit kaltem Wasser abwaschen, abtropfen lassen und zum Schluss im Mangoldsud erwärmen. «

Waller auf Rettich-Spinat-Gemüse mit roten Linsen

Für das Gemüse:
500 g milder weißer Rettich
Salz
300 g Spinatblätter
50 g rote Linsen
½ TL Puderzucker
⅛ l Gemüsebrühe
½ TL scharfer Senf
30 g Butter
1 Prise Cayennepfeffer
etwas frisch geriebene Muskatnuss

Für den Fisch:
4 Wallerfilets (à 150 g)
Salz · Pfeffer aus der Mühle
frisch gemahlener Koriander
1–2 EL Öl

Für 4 Personen

1 Für das Gemüse den Rettich schälen, der Länge nach vierteln und in ½ cm dicke Scheiben schneiden. In Salzwasser blanchieren, in kaltem Wasser abschrecken und abtropfen lassen. Den Spinat putzen, gründlich waschen und abtropfen lassen. Die Linsen in Salzwasser blanchieren, in kaltem Wasser abschrecken und abtropfen lassen.

2 In einem kleinen Topf den Puderzucker karamellisieren, den Rettich hineingeben, kurz schwenken. Die Brühe dazugießen und erhitzen. Den Spinat hinzufügen, kurz erhitzen und die Linsen hineinrühren. Das Gemüse in ein Sieb geben, abtropfen lassen und den Sud dabei auffangen. Den Senf mit der Butter in den Sud geben, mit dem Stabmixer aufschlagen und wieder unter das Gemüse mischen. Mit Salz, Cayennepfeffer und Muskatnuss abschmecken.

3 Für den Fisch den Waller mit Salz, Pfeffer und Koriander würzen. In einer Pfanne bei mittlerer Hitze im Öl von beiden Seiten in insgesamt etwa 4 Minuten glasig braten.

4 Das Gemüse mit dem Sud auf vorgewärmten Tellern verteilen und die gebratenen Wallerfilets darauf anrichten.

» Der Waller ist ein heimischer Süßwasserfisch mit festem, schmackhaftem, fast grätenlosem Fleisch. Im Handel werden meist junge Zuchtfische angeboten, die noch relativ klein und deshalb besonders zart sind. «

Gebratene Forelle mit Gewürzbutter

Für die Forelle:
4 ganze Forellen (küchenfertig)
Salz · Pfeffer aus der Mühle
4 Lorbeerblätter · 4 Thymianzweige
4 ungeschälte Knoblauchzehen
4 Streifen unbehandelte Zitronenschale
150 g doppelgriffiges Mehl · 4 EL Öl

Für die Gewürzbutter:
je 1 TL Wacholderbeeren, Pfeffer- und Senfkörner · 150 g Butter
1 ungeschälte Knoblauchzehe
einige Tropfen Zitronensaft

Für 4 Personen

1 Für die Forellen den Backofen auf 120 °C vorheizen. Die Forellen innen und außen waschen, trockentupfen, salzen und pfeffern. Die Bauchhöhlen mit je 1 Lorbeerblatt, 1 Thymianzweig, 1 Knoblauchzehe und 1 Streifen Zitronenschale füllen. Die Forellen im Mehl wenden und in einer Pfanne im Öl nacheinander auf beiden Seiten anbraten. Auf ein Gitter mit Abtropfblech legen und auf der mittleren Schiene im vorgeheizten Ofen in etwa 20 Minuten glasig garen.

2 Für die Gewürzbutter Wacholderbeeren, Pfefferkörner und Senfkörner in einer Pfanne bei milder Hitze ohne Fettzugabe anrösten, bis die Gewürze anfangen zu duften. Die Butter mit der Knoblauchzehe hinzufügen, darin hell bräunen und durch ein feines Sieb gießen.

3 Die frisch gebratenen Fische mit etwas Zitronensaft beträufeln und die Butter darüber verteilen.

Karpfen in Polentahülle mit Gurken-Kräuter-Dip

Für den Dip:
2 Eigelb · Salz
1–2 TL Rotweinessig
Worcestersauce · ½ TL Senf
Cayennepfeffer · 200 ml Öl
4 Sardellenfilets (in Öl)
1 EL Kapern · 50 g kleine Gewürzgurken · 1 EL kleine Gurkenwürfel
1 EL glatte Petersilie (grob gehackt)
½ TL klein geschnittener Estragon

Für den Fisch:
4 Karpfenfilets (à 150 g)
Salz · Pfeffer aus der Mühle
150 g Polentagrieß · Öl zum Braten

Für 4 Personen

1 Für den Dip das Eigelb mit 1 Prise Salz verrühren und 1 Minute stehen lassen. Rotweinessig, einige Tropfen Worcestersauce, Senf und 1 Prise Cayennepfeffer unterrühren. Das Öl hineinrühren, zuerst nur tropfenweise, dann in einem dünnen Strahl langsam dazugeben und dabei ständig rühren, sodass eine homogene Mayonnaise entsteht.

2 Die Sardellenfilets abtropfen lassen und mit Kapern und Gewürzgurken klein hacken. Mit den Gurkenwürfeln, gehackter Petersilie und Estragon unter die Mayonnaise ziehen. Mit etwas Gewürzgurkensud, Salz und Cayennepfeffer abschmecken.

3 Für den Fisch die Filets mit Salz und Pfeffer würzen und in Polentagrieß wenden. So viel Öl in eine Pfanne geben, dass der Boden bedeckt ist. Den Fisch darin von beiden Seiten insgesamt 4 bis 5 Minuten bei mittlerer Hitze goldbraun braten. Abtropfen lassen und nach Belieben mit etwas Zitronensaft beträufeln. Mit dem Dip servieren.

Rochenflügel auf Erbsen-Feldsalat-Sauce

Für die Garnitur:
2 Scheiben Toastbrot
50 ml Öl
10 g Butter
2 EL Kapernäpfel

Für die Sauce:
40 g Feldsalat
80 g Erbsen · Salz
1 kleine Zwiebel
30 g Butter
2 Scheiben Knoblauch
200 ml Gemüsebrühe
70 g Sahne
Pfeffer aus der Mühle
braune Butter (siehe S. 10)

Für den Fisch:
4 Rochenfilets (à 150 g, ohne Haut und Gräten)
Salz · Pfeffer aus der Mühle
4 EL doppelgriffiges Mehl
1–2 EL Olivenöl
10 g Butter

Für 4 Personen

1 Für die Garnitur das Toastbrot entrinden. Mit einem scharfen Messer die Scheiben noch einmal der Länge nach durchschneiden, in 1/2 cm dünne Streifen und dann in möglichst kleine Würfel schneiden. Das Öl und die Butter in einer Pfanne bei mittlerer Temperatur erhitzen, Brotwürfel dazugeben und hell bräunen. Die Croûtons auf Küchenpapier abtropfen lassen. Die Kapernäpfel je nach Größe halbieren.

2 Für die Sauce den Feldsalat putzen, waschen und trockenschütteln. Erbsen in kochendem Salzwasser kurz blanchieren, in kaltem Wasser abschrecken und abtropfen lassen. Die Zwiebel schälen, halbieren, in kleine Würfel schneiden und in einem Topf bei milder Hitze in 10 g Butter glasig dünsten. Knoblauch, Feldsalat und zwei Drittel der Erbsen dazugeben, mit der Brühe ablöschen und 1 bis 2 Minuten sanft köcheln lassen. Die Sahne dazugießen und die Sauce mit dem Stabmixer grob pürieren. Die restliche Butter darin schmelzen lassen, mit Salz, Pfeffer und etwas brauner Butter abschmecken und warm halten.

3 Für den Fisch die Rochenflügel je nach Größe halbieren. Salzen, pfeffern und leicht im Mehl wenden. In einer Pfanne im Öl bei mittlerer Hitze von beiden Seiten je nach Filetdicke in insgesamt etwa 4 Minuten gar braten.

4 Den Fisch aus der Pfanne nehmen und auf vorgewärmten Tellern anrichten. Croûtons, Kapernäpfel und die übrigen Erbsen mit der Butter in die Pfanne geben, durchschwenken und über die Rochenflügel verteilen.

5 Die heiße Sauce nochmals mit dem Stabmixer aufschäumen und zum Fisch servieren.

» Die Erbsen-Feldsalat-Sauce sollte erst kurz vor dem Servieren zubereitet werden, damit sie ihre leuchtend grüne Farbe behält. «

Matjesrahmtatar auf gerösteten Bauernbrotscheiben

Für das Tatar:
3 Matjes-Doppelfilets
1 kleine rote Zwiebel
4 kleine Gewürzgurken
2 EL Kapern
2 EL Sahne · 50 g saure Sahne
½ TL Wacholderbeeren
1–2 Lorbeerblätter
2 cm Zimtrinde
2–3 EL frischer Zitronensaft
Salz
2 EL grob gehackter Dill
2 EL Schnittlauchröllchen

Zum Fertigstellen:
4 dünne Scheiben Bauernbrot
40–50 g Butter

Für 4 Personen

1 Für das Tatar die Matjesfilets abwaschen, trockentupfen, halbieren, die Schwanzflosse entfernen, die Filets der Länge nach in ½ cm dünne Streifen und anschließend in möglichst kleine Würfel schneiden. Die Zwiebel schälen, halbieren und in kleine Würfel schneiden. Gewürzgurken ebenfalls in kleine Würfel schneiden. Die Kapern abtropfen lassen und grob hacken.

2 In einer Schüssel Matjes, Zwiebel, Gurken und Kapern mit Sahne und saurer Sahne vermischen. Wacholderbeeren, Lorbeerblätter und Zimtrinde in eine Gewürzmühle füllen. Das Matjestatar mit Zitronensaft, Salz und den Gewürzen aus der Mühle abschmecken. Zum Schluss Dill und Schnittlauch unterheben. Im Kühlschrank zugedeckt 30 Minuten ziehen lassen und nochmals abschmecken.

3 Zum Fertigstellen die Bauernbrotscheiben je nach Größe halbieren oder vierteln. Butter in einer Pfanne bei milder Hitze aufschäumen lassen, Brotscheiben hineingeben und von beiden Seiten hellbraun anbraten. Auf Küchenpapier abtropfen lassen.

4 Mit zwei Esslöffeln Nocken aus dem Tatar formen und je eine Nocke auf eine geröstete Bauernbrotscheibe setzen. Sofort servieren.

»Anstatt mit den Gewürzen aus der Mühle kann man das Tatar auch mit einer fertigen Brotgewürzmischung abschmecken.«

Marinierter Seeteufel mit eingelegtem Gemüse

Für das Gemüse:
2 rote Paprikaschoten
1 gelbe Paprikaschote
1 Zucchino · 1 Zwiebel
1 TL Puderzucker
Salz · Pfeffer aus der Mühle
2 EL Balsamicoessig
1/4 l Gemüsebrühe
1 Lorbeerblatt · 1 Prise Bohnenkraut
1/2 geschälte Knoblauchzehe
4 EL Olivenöl

Für den Fisch:
1 Zacken Sternanis · 1 TL Kardamomkapseln · 3 cm Zimtrinde
Öl zum Bestreichen
500 g Seeteufelfilet
Salz · Pfeffer aus der Mühle

Für 4 Personen

1 Für das Gemüse die Paprikaschoten waschen, halbieren, Stielansätze und Kerne entfernen. Die Hälften in große Würfel schneiden. Den Zucchino waschen, längs halbieren und in dicke Scheiben schneiden. Die Zwiebel schälen und ebenfalls in grobe Stücke schneiden.

2 In einem Schmortopf den Puderzucker bei mittlerer Hitze karamellisieren. Paprika und Zwiebel hinzufügen, etwas anschwitzen lassen, mit Salz und Pfeffer würzen, mit dem Balsamicoessig ablöschen und mit der Brühe aufgießen. Lorbeerblatt und Bohnenkraut hinzufügen und bei milder Hitze 20 Minuten schmoren lassen. Nach 10 Minuten die Zucchinistücke mit dem Knoblauch dazugeben. Das Gemüse nach Garzeitende kurz abkühlen lassen, das Olivenöl hinzufügen und mit Salz und Pfeffer sowie noch etwas Balsamico abschmecken.

3 Für den Fisch in einem Dämpftopf etwas Wasser mit Sternanis, aufgebrochenen Kardamomkapseln und Zimt erhitzen, den Dämpfeinsatz mit Öl bestreichen und darauf legen. Die Filets salzen und pfeffern, nebeneinander auf den Einsatz legen und zugedeckt etwa 4 Minuten glasig dämpfen. Den Fisch noch warm in das Gemüse geben, mindestens 1 Stunde ziehen lassen und zimmerwarm servieren.

Kabeljau in der Kartoffelkruste

4 kleine fest kochende Kartoffeln
4 Kabeljaufilets (à 130–150 g, mit Haut, ohne Gräten)
Salz
Pfeffer aus der Mühle
2–3 EL Olivenöl
1 Knoblauchzehe
1 Rosmarinzweig

Für 4 Personen

1 Kartoffeln waschen, schälen und in hauchdünne Scheiben hobeln. Die Filets, falls nötig, entschuppen, von beiden Seiten salzen, pfeffern und die Hautseite schuppenartig mit den Kartoffelscheiben belegen. Leicht andrücken und die Filets mit der Kartoffelseite zuerst in einer Pfanne im Öl bei mittlerer Hitze in 2 bis 3 Minuten goldbraun braten. Währenddessen die unbelegte Seite mit Kartoffelscheiben belegen, leicht andrücken und die Filets vorsichtig wenden. Knoblauch und Rosmarin in die Pfanne geben und die Filets bei milder Hitze in einigen Minuten fertig braten, bis die Kartoffelscheiben kross sind. Kabeljau leicht salzen und sofort servieren.

Gedämpfter Kabeljau auf Wurzelpüree

Für das Wurzelpüree:
300 g Möhren · 3 große Zwiebeln
300 g Knollensellerie
300–350 ml Gemüsebrühe
80 g Sahne
Salz · Cayennepfeffer
1 Prise frisch geriebene Muskatnuss
30 g Butter

Für den Kabeljau:
Salz · 1 Stängel Zitronengras
2 Streifen unbehandelte Limettenschale
2 Zacken Sternanis
1–2 EL Öl
4 Kabeljaufilets (à 150 g, mit Haut, ohne Gräten)
Pfeffer aus der Mühle
frisch gehobelter Meerrettich

Für 4 Personen

1. Für das Wurzelpüree Möhren, Zwiebeln und Knollensellerie schälen, in 2 cm große Stücke schneiden und in einen Topf geben. Zusammen mit der Brühe zugedeckt bei milder Hitze gut 20 Minuten dünsten, bis fast die gesamte Flüssigkeit verdampft und das Gemüse sehr weich ist.

2. Die Sahne dazugeben und alles mit dem Stabmixer fein pürieren. Mit Salz, Cayennepfeffer und Muskatnuss abschmecken und die Butter darin schmelzen lassen. Das Püree warm halten.

3. Für den Kabeljau etwas Wasser in einem Dämpftopf oder einer Pfanne mit asiatischem Dämpfeinsatz zum Köcheln bringen. Das Wasser salzen. Zitronengras, Limettenschale und Sternanis dazugeben. Den Dämpfeinsatz leicht einölen und darauf setzen.

4. Die Kabeljaustücke salzen, pfeffern und in einer Pfanne bei mittlerer Hitze im Öl mit der Hautseite nach unten 1 bis 2 Minuten anbraten. Die Fischstücke aus der Pfanne nehmen und mit der Hautseite nach oben auf den Dämpfeinsatz legen. Den Deckel schließen und den Kabeljau einige Minuten glasig dämpfen.

5. Etwas Wurzelpüree auf vier vorgewärmte Teller geben, mit frischen Meerrettichspänen bestreuen und die gedämpften Kabeljaustücke daneben anrichten.

» Eine Sauce erhalten Sie, wenn Sie einen Teil des Pürees mit etwas Brühe und Sahne verdünnen, erwärmen, mit einem Stabmixer und einem kleinen Stück Butter schaumig aufschlagen. Zum Schluss mit wenig Sahnemeerrettich, einigen Tropfen Zitronensaft, Salz und Cayennepfeffer abschmecken. «

Oktopusgröstl mit Bratkartoffeln

Für den Oktopus:
1 kleiner Oktopus (1–1,5 kg)
½ Zwiebel
1 Lorbeerblatt · 2 Nelken
1 kleine Möhre
½ Scheibe Knollensellerie
½ Stange Lauch (der weiße Teil)
¼ l Weißwein · Salz
1 Streifen unbehandelte Zitronenschale
2 ungeschälte Knoblauchzehen
1 TL schwarze Pfefferkörner

Für das Gröstl:
500 g kleine fest kochende Kartoffeln
Salz · ½ TL ganzer Kümmel
200 g Austernpilze · 2 EL Öl
1 Prise frisch gemahlener Kümmel
1 Prise getrocknetes Bohnenkraut

Zum Fertigstellen:
5 Lauchzwiebeln · 2 EL Olivenöl
Salz · Pfeffer aus der Mühle
2 EL glatte Petersilie (grob gehackt)
mildes Olivenöl zum Beträufeln

Für 4 Personen

1. Für den Oktopus die Fangarme des Oktopus so vom Kopfteil abschneiden, dass sie noch zusammenhängen. Die Arme gründlich unter fließendem Wasser waschen und abtropfen lassen.
2. Die Zwiebel schälen, mit Lorbeerblatt und Nelken spicken. Möhre und Knollensellerie schälen und halbieren. Lauch gründlich waschen.
3. Den Oktopus, das Gemüse und den Weißwein in einen Topf geben und mit so viel Wasser auffüllen, dass der Oktopus vollständig bedeckt ist. Salzen und die Flüssigkeit einmal aufkochen lassen. Die Hitze reduzieren und den Oktopus etwa 1 ½ Stunden sanft köcheln lassen, bis er weich ist. Nach 1 Stunde Zitronenschale, Knoblauch und Pfefferkörner hinzufügen. Den Oktopus aus dem Sud heben und abkühlen lassen.
4. Für das Gröstl die Kartoffeln gründlich waschen, in Salzwasser mit Kümmel weich kochen. Abkühlen lassen, schälen und in Scheiben schneiden. Die Austernpilze putzen und in grobe Stücke zupfen.
5. Die Kartoffelscheiben in einer großen Pfanne bei mittlerer Hitze im Öl goldbraun anbraten. Austernpilze dazugeben, kurz braten und mit Salz, Kümmel und Bohnenkraut würzen.
6. Zum Fertigstellen die Lauchzwiebeln putzen, waschen und schräg in Scheiben schneiden. In der Zwischenzeit die Oktopusarme in 2 bis 3 cm dicke Scheiben schneiden und in einer zweiten Pfanne im Olivenöl anbraten. Die Lauchzwiebeln dazugeben, leicht salzen und durchschwenken.
7. Den Oktopus zu den Kartoffeln geben und miteinander vermischen. Mit Salz und Pfeffer abschmecken und zum Schluss die Petersilie über das Gröstl streuen. Mit etwas Olivenöl beträufeln und heiß servieren.

» Für das Gröstl die gleiche Menge Oktopus- wie Kartoffelscheiben verwenden. Falls etwas gekochter Oktopus übrig bleibt, kann man diesen in dünne Scheiben schneiden, mit Balsamicoessig, Olivenöl, Salz und Pfeffer marinieren und als Vorspeise servieren. «

Gratinierte Austern mit Curry-Hollandaise

Für die Austern:
16 frische Austern (möglichst groß)
ca. 1 kg grobes Meersalz

Für die Hollandaise:
150 g Butter
1 Schalotte
½ TL Puderzucker
100 ml Weißwein
5 schwarze Pfefferkörner
1 Lorbeerblatt
2 Pimentkörner
⅛ l Gemüsebrühe
3 Eigelb
1 TL Curry
3 EL steif geschlagene Sahne
Salz
Cayennepfeffer
1 Spritzer Zitronensaft

Zum Anrichten:
grobes Meersalz
einige Algenblätter (vom Fischhändler)

Für 4 Personen

1. Die Austern mithilfe eines Austernmessers vorsichtig öffnen. Das Fleisch herauslösen und das Austernwasser auffangen. Die untere Austernschale waschen und abtrocknen. Eine feuerfeste Form oder ein Backblech großzügig mit grobem Meersalz bestreuen und die Austernschalen waagerecht nebeneinander darauf verteilen.
2. Für die Hollandaise Butter bei milder Hitze schmelzen lassen, abschäumen und ohne den entstandenen milchigen Bodensatz in einen kleinen Topf umfüllen.
3. Schalotte schälen, halbieren und in kleine Würfel schneiden. Puderzucker in einen kleinen Topf stäuben und bei mittlerer Hitze karamellisieren lassen. Schalottenwürfel dazugeben, kurz anschwitzen und mit Weißwein ablöschen. Pfeffer, Lorbeer und Piment dazugeben. Die Brühe und 2 bis 3 Esslöffel Austernwasser dazugießen, vom Herd nehmen, 5 Minuten ziehen lassen und durch ein feines Sieb gießen.
4. Eigelb zusammen mit dem Curry und der Brühe im Wasserbad zu einem feinporigen Schaum (Sabayon) aufschlagen. Die Temperatur sollte dabei 80 °C erreichen, aber nicht überschreiten. Aus dem Wasserbad nehmen und die flüssige, geklärte Butter erst tropfenweise, dann in einem dünnen Strahl in die Sabayon rühren, sodass eine homogene Masse entsteht. Zum Schluss die geschlagene Sahne darunter heben. Die Hollandaise mit Salz, Cayennepfeffer und Zitronensaft abschmecken.
5. Den Grill des Backofens vorheizen. In jede Austernschale eine Auster legen und mit 1 bis 2 Esslöffeln Hollandaise bedecken. Austern unter dem heißen Grill in 2 bis 3 Minuten hellbraun gratinieren.
6. Zum Anrichten vier Teller mit Meersalz bestreuen, damit die gratinierten Austern beim Servieren waagerecht bleiben und nicht verrutschen. Mit Algen garnieren. Die gratinierten Austern aus dem Ofen nehmen und auf den Tellern anrichten. Sofort servieren.

» Das Meersalz kann problemlos mehrmals verwendet werden. «

Gebratener Tintenfisch auf Kartoffel-Lauch-Rösti

Für den Kapern-Sardellen-Dip:
2 TL Kapern
5 Sardellenfilets (in Öl)
3 EL Sahne · 50 g Frischkäse
200 g saure Sahne
2 EL grob gehackte Kräuter (z. B. Petersilie, Basilikum, Dill, Estragon)
1 TL Zitronensaft
Salz · 1 Prise Cayennepfeffer

Für die Rösti:
500 g fest kochende Kartoffeln
Salz
½ Stange Lauch
Pfeffer aus der Mühle
frisch geriebene Muskatnuss
3 EL Öl

Für den Tintenfisch:
600 g Tintenfisch (Kalmar oder Sepia) · 5 EL Olivenöl
1 kleine Zwiebel
1 kleiner Zucchino
1 Msp gehackter Knoblauch
Salz · Pfeffer aus der Mühle
1 EL glatte Petersilie (grob gehackt)

Für 4 Personen

1 Für den Dip die Kapern hacken, die Sardellen abtropfen lassen und klein schneiden. Sahne, Frischkäse und saure Sahne glatt rühren. Kapern, Sardellen, Kräuter und Zitronensaft hineinrühren und mit Salz und Cayennepfeffer abschmecken.

2 Für die Rösti die Kartoffeln schälen, in feine Streifen hobeln, etwas salzen, auf einem Sieb abtropfen lassen und kräftig ausdrücken. Lauch putzen, waschen und in feine Streifen schneiden. Mit den Kartoffeln mischen und mit Salz, Pfeffer und Muskat würzen. In einer Pfanne bei milder Hitze im Öl nacheinander 4 kleine Rösti backen. Dabei die Rösti einmal wenden und auf jeder Seite goldgelb backen. Auf Küchenpapier abtropfen lassen, warm stellen.

3 Für den Tintenfisch Kopf und Arme der Tintenfische mit den Innereien aus dem Körperbeutel ziehen. Die Tintenfischarme waschen, gut abtropfen lassen und grob zerkleinern. Die Körperbeutel vom durchsichtigen Fischbein befreien, der Länge nach einmal aufschneiden, die braun-violette Haut abziehen. Die Tintenfischbeutel waschen, trockentupfen und in 3 cm große Stücke schneiden.

4 Den Tintenfisch in einer heißen Pfanne in etwas Öl portionsweise etwa 30 Sekunden anbraten, kurz wenden, weitere 10 Sekunden braten lassen. Auf einen vorgewärmten Teller geben.

5 Die Zwiebel schälen und in kleine Würfel schneiden. Den Zucchino waschen, trockentupfen und ebenfalls in kleine Würfel schneiden. Die Gemüsewürfel mit dem Knoblauch in der Pfanne in 1 Esslöffel Öl bei mittlerer Hitze anschwitzen. Mit Salz und Pfeffer würzen, die Tintenfischstücke mit der Petersilie hinzufügen.

6 Die Rösti mit dem gebratenen Tintenfisch auf warmen Tellern anrichten und den Kapern-Sardellen-Dip separat dazu reichen.

» Bei der Zubereitung des Tintenfisches ist es wichtig, ihn kurz portionsweise in einer heißen Pfanne anzubraten. Dabei zieht er kein Wasser und das Fleisch bleibt zart. «

Fleisch

Panierte Schweinebacken

Zum Pökeln:

50 g Pökelsalz · 1 Prise Zucker
1–2 Knoblauchzehen
5 Korianderkörner
1 Prise ganzer Kümmel
1–2 angedrückte Wacholderbeeren
1 Lorbeerblatt
2 Scheiben frischer Ingwer
1 Streifen unbehandelte Zitronenschale
4 Schweinebacken (ausgelöst)

Für den Sud:

1 Möhre · 150 g Knollensellerie
½ Zwiebel
1 Lorbeerblatt · 2 Nelken
¾ l Gemüsebrühe · 2 Pimentkörner

Für die Panade:

2 Eier
40 g doppelgriffiges Mehl
Salz · Pfeffer aus der Mühle
150 g frisch geriebenes Weißbrot
Öl zum Braten

Für 4 Personen

1 Zum Pökeln 1 l Wasser mit Pökelsalz und Zucker verrühren. Den Knoblauch schälen und halbieren. Zusammen mit Korianderkörnern, Kümmel, Wacholderbeeren, Lorbeerblatt, Ingwer und Zitronenschale zur Pökellake geben.

2 Die Schweinebacken von Sehnen und Fett befreien und in die Pökellake geben. Zugedeckt im Kühlschrank maximal 20 Stunden pökeln.

3 Für den Sud die Möhre schälen und halbieren. Den Knollensellerie schälen und waschen. Die Zwiebel schälen und mit Lorbeerblatt und Nelken spicken. Die Gemüsebrühe zusammen mit der Möhre, der gespickten Zwiebel, dem Sellerie und den Pimentkörnern zum Sieden bringen.

4 Die Schweinebacken aus der Lake nehmen und gut abwaschen. In der Brühe bei milder Hitze etwa 30 Minuten knapp unter dem Siedepunkt ziehen lassen, bis sie weich sind. Die Schweinebacken in der Brühe abkühlen lassen, aus dem Sud nehmen und mit Küchenpapier leicht trockentupfen.

5 Für die Panade die Eier mit dem Mehl verquirlen und mit etwas Salz und Pfeffer würzen. Die Schweinebacken in ½ bis 1 cm dicke Scheiben schneiden. Jede Scheibe zuerst in der Ei-Mehl-Mischung, dann in den Weißbrotbröseln wenden. Die panierten Schweinebackenscheiben in einer Pfanne bei mittlerer Hitze in reichlich Öl goldbraun backen. Auf Küchenpapier abtropfen lassen und leicht salzen.

6 Die panierten Schweinebacken mit dem süßsauren Kartoffel-Lauch-Gemüse von Seite 55 servieren.

»Schweinebacken müssen beim Metzger vorbestellt werden. Am besten die Schweinebacken vom Metzger auslösen lassen, dabei sollten auch Sehnenreste und das Fett vollständig vom Backenfleisch entfernt werden.«

Krustenbraten mit Schmorgemüse

Für den Krustenbraten:
500 g Schweineknochen (vom Metzger grob gehackt)
1,5 kg Wammerl (Schweinebauch)
Salz · Pfeffer aus der Mühle
2 EL Öl
½ l Geflügelbrühe

Für das Gemüse:
1,2 kg kleine fest kochende Kartoffeln
2 große Zwiebeln
3 Möhren
200 g Knollensellerie
½ TL Puderzucker
1 TL Tomatenmark
150 ml dunkles Bier (am besten Malzbier)
300 ml Geflügelbrühe
2 Knoblauchzehen
2 Scheiben frischer Ingwer
2 Lorbeerblätter
½ TL ganzer Kümmel
½ TL getrockneter Majoran

Für 8 Personen

1 Für den Krustenbraten den Backofen auf 200 °C vorheizen. Die gehackten Schweineknochen gleichmäßig auf einem Backblech verteilen und im vorgeheizten Ofen in gut 30 Minuten rundherum goldbraun rösten. Aus dem Ofen nehmen und abtropfen lassen.

2 Den Backofen auf 140 °C herunterschalten. Das Wammerl salzen und pfeffern. In einer entsprechend großen Bratenreine (Bräter) bei mittlerer Hitze mit der Fleischseite nach unten im Öl hell anbraten, wenden und mit der Geflügelbrühe aufgießen. Die Fettschicht sollte dabei ganz mit der Brühe bedeckt sein, anderenfalls noch etwas Brühe dazugeben. Die gerösteten Knochen dazugeben und das Wammerl im Ofen 1 Stunde braten.

3 Für das Gemüse die Kartoffeln waschen, schälen und der Länge nach vierteln. Die Zwiebeln schälen, vierteln und in 2 bis 3 cm große Scheiben schneiden. Möhren schälen und schräg in Scheiben schneiden. Sellerie schälen, waschen und in 2 cm große Würfel schneiden.

4 Puderzucker in einem breiten, großen Topf bei mittlerer Hitze karamellisieren lassen, Tomatenmark dazugeben, kurz anrösten und mit dem Bier ablöschen. Das Bier fast vollständig reduzieren lassen, das Gemüse dazugeben und mit der Geflügelbrühe aufgießen.

5 Den Krustenbraten aus dem Ofen nehmen. Das Fleisch mit der Fettseite nach oben auf ein Brett legen und die Schwarte mit einem scharfen Messer rautenförmig einschneiden. Den Bratensaft durch ein Sieb gießen und zu dem Gemüse geben. Das Wammerl mit der Schwarte nach oben auf das Gemüse setzen und bei 160 °C in etwa 1 Stunde fertig schmoren. Etwa 20 Minuten vor Garzeitende Knoblauch, Ingwer, Lorbeer, Kümmel und Majoran dazugeben.

6 Falls die Kruste nicht kross genug ist, zum Schluss die Oberhitze bzw. Grillfunktion des Ofens zuschalten. Den Braten aus dem Ofen nehmen, Knoblauch, Ingwer und Lorbeer entfernen und den fertigen Braten in Scheiben schneiden. Das Gemüse und den Bratensaft mit Salz und Pfeffer abschmecken und zum Fleisch servieren.

» Für eine schmackhaftere Kruste kann das Wammerl auch über Nacht eingesalzen und mit Pfeffer gewürzt werden. «

Szegediner Gulasch

250 g Zwiebeln
750 g Schweineschulter
2–3 EL Öl · 1 EL Tomatenmark
½ l Geflügelbrühe
1 EL Paprikapulver (edelsüß)
1 Lorbeerblatt
1 Streifen unbehandelte Zitronenschale
2 Knoblauchscheiben
½ TL ganzer Kümmel
½ TL Majoran
350 g Sauerkraut (aus der Dose)
Salz · Cayennepfeffer
20 g Butter · Salz · 4 Wachteleier
8 kleine Gewürzgurken
150 g saure Sahne
1 EL glatte Petersilie (grob gehackt)

Für 4 Personen

1 Zwiebeln schälen, halbieren und in kleine Würfel schneiden. Schweinefleisch von groben Sehnen befreien, in 2 bis 3 cm große Würfel schneiden und in einem Bräter im Öl von allen Seiten gut anbraten. Zwiebeln dazugeben, glasig dünsten, Tomatenmark unterrühren und kurz anrösten. Die Brühe dazugießen und das Gulasch bei milder Hitze etwa 1 Stunde schmoren lassen, bis das Fleisch weich ist. Nach 30 Minuten Paprikapulver und Lorbeerblatt unterrühren.

2 Zitronenschale zusammen mit den Knoblauchscheiben und dem Kümmel fein hacken. Majoran dazugeben und das Ganze mithilfe eines Messerrückens zu einer feinen Paste zerdrücken. 5 Minuten vor Garzeitende das Gulasch mit der Gewürzpaste würzen. Sauerkraut einrühren, erwärmen und das Gulasch mit Salz und Cayennepfeffer herzhaft abschmecken. Lorbeerblatt entfernen.

3 Butter in einer Pfanne bei milder Hitze aufschäumen lassen, leicht salzen und die Wachteleier darin zu Spiegeleiern braten. Gewürzgurken halbieren oder in Streifen schneiden. Gulasch mit saurer Sahne verfeinern, in vorgewärmte Teller verteilen und mit Eiern und Gewürzgurken garnieren. Mit Petersilie bestreuen.

Spieß von Schweinefilet und Speckdatteln

500 g Schweinefilet (küchenfertig)
1 kleine Zwiebel
6 dünne Scheiben gut durchwachsener Speck
12 getrocknete, entsteinte Datteln
Salz · Pfeffer aus der Mühle
2 EL Olivenöl · 1 Knoblauchzehe
1 Scheibe frischer Ingwer
1 Streifen unbehandelte Orangenschale

Für 4 Spieße

1 Das Schweinefilet in 3 cm große Würfel schneiden. Die Zwiebel schälen und in 2 bis 3 cm große Blätter schneiden. Die Speckscheiben halbieren. Die Datteln mit je einer halben Scheibe Speck umwickeln. Die Fleischwürfel salzen, pfeffern und abwechselnd mit den Speckdatteln und den Zwiebelblättern auf Schaschlikspieße stecken.

2 In einer Pfanne das Öl mit der Knoblauchzehe, Ingwerscheibe und Orangenschale bei mittlerer Temperatur erhitzen und die Spieße darin in 4 bis 5 Minuten rundherum anbraten. Die Pfanne vom Herd nehmen und die Spieße darin einige Minuten durchziehen lassen. Auf Küchenpapier gut abtropfen lassen.

Hackbraten mit Kohlrabi-Pfifferling-Salat

Für den Hackbraten:
70 g Weißbrot (ohne Rinde)
100 ml Milch · 1 kleine Zwiebel
½ kleiner Zucchino
½ rote Paprikaschote
10 g getrocknete Trompetenpilze
2 EL Öl
½ gehackte Knoblauchzehe
100 g Kalbsbrät · 1–2 EL Sahne
150 g Hähnchenschenkelfleisch (ohne Haut und Knochen)
350 g Schweinehackfleisch
2 Eier · 1 TL scharfer Senf
1 Prise Majoran
1 Prise Cayennepfeffer · Salz
80 g grob geriebener Bergkäse
2 EL glatte Petersilie (grob gehackt)
Öl für das Backblech
8 kandierte Tomaten (siehe S. 42)

Für den Salat:
8 Wachteleier
1 mittelgroßer Kohlrabi · Salz
1 Bund Mini-Möhren (10–12 Stück)
200 g junge Spinatblätter (geputzt)
1 Schalotte · 150 g Pfifferlinge
1 EL Öl · Pfeffer aus der Mühle

Für das Dressing:
2–3 EL Rotweinessig
⅛ l Gemüsebrühe
½ TL scharfer Senf · 1 Prise Zucker
1 Scheibe Knoblauch
Salz · Pfeffer aus der Mühle
4 EL Öl

Für 6–8 Personen

1 Für den Hackbraten Weißbrot in Milch einweichen. Zwiebel schälen und in sehr kleine Würfel schneiden. Zucchino und Paprika waschen und den Stielansatz entfernen. Paprika entkernen und beides in ½ cm kleine Würfel schneiden. Pilze in etwas Wasser aufkochen, 10 Minuten quellen lassen. Abgießen, ausdrücken und grob hacken. Gemüsewürfel im Öl bei mittlerer Hitze 1 Minute anbraten, Pilze und Knoblauch dazugeben und kurz mitschwitzen lassen. Kalbsbrät mit Sahne glatt rühren. Hähnchenfleisch durch den Fleischwolf drehen.

2 Das Weißbrot ausdrücken, mit Hackfleisch, Kalbsbrät und Hähnchenfleisch, Eiern, Senf und dem angedünsteten Gemüse vermischen, sodass eine kompakte Masse entsteht. Mit Majoran, Cayennepfeffer und Salz gut würzen und Käse und Petersilie untermischen.

3 Den Backofen auf 140 °C vorheizen. Zwei Drittel der Masse auf einem geölten Backblech zu einem schmalen, 3 cm hohen Laib formen. Die Oberfläche leicht flach drücken. Die kandierten Tomaten darauf verteilen und mit der restlichen Masse bedecken. Zu einem schmalen Hackbraten formen und mit feuchten Händen glatt streichen. Den Braten bei 140 °C etwa 20 bis 25 Minuten backen, dann die Temperatur auf 160 °C erhöhen noch gut 10 Minuten weiterbacken.

4 Für den Salat Wachteleier in 4 Minuten hart kochen, abschrecken, schälen und der Länge nach halbieren. Kohlrabi schälen, holziges Ende entfernen, den Kohlrabi vierteln, in Spalten schneiden und halbmondförmig zuschneiden. In Salzwasser bissfest blanchieren, in kaltem Wasser abschrecken und abtropfen lassen. Die Möhren putzen, dabei etwas vom Grün an den Enden lassen, schälen, längs halbieren und bissfest blanchieren. Spinat waschen und trockentupfen. Schalotte schälen, in kleine Würfel schneiden. Pfifferlinge putzen, nicht waschen, je nach Größe halbieren und in einer Pfanne bei mittlerer Hitze mit den Schalotten im Öl kurz anbraten, salzen und pfeffern.

5 Für das Dressing Essig, Gemüsebrühe, Senf, Zucker, Knoblauch, etwas Salz und Pfeffer mit einem Stabmixer schaumig aufschlagen. Dabei das Öl langsam dazugießen, falls nötig, nachwürzen.

6 Kohlrabi, Möhren, Spinatblätter und lauwarme Pfifferlinge mit dem Dressing mischen und zum Schluss die Wachteleier unterheben. Den Hackbraten in dicke Scheiben schneiden und mit dem Salat servieren.

Kalbslüngerl mit Wachtelspiegelei

Für das Lüngerl:
500 g Kalbslunge (küchenfertig)
400 g Kalbsherz (küchenfertig)
Salz
2 Zwiebeln
2 Lorbeerblätter
2 Nelken
2 Knoblauchzehen
½ TL Pfefferkörner
8 Wacholderbeeren
150 ml Rotweinessig
3 Pimentkörner
1 Streifen unbehandelte Zitronenschale
1 Möhre
100 g Knollensellerie
1 TL Puderzucker
2 TL Tomatenmark
⅛ l Rotwein
1 gestr. EL Speisestärke
80 g Sahne · 40 g Butter
4 kleine Gewürzgurken
1 Msp fein gehackte unbehandelte Zitronenschale
Pfeffer aus der Mühle
Essig zum Abschmecken

Für die Garnitur:
1 EL Butter · Salz
4–6 Wachteleier
1–2 EL glatte Petersilie (grob gehackt)

Für 4–6 Personen

1 Für das Lüngerl Lunge und Herz in reichlich kaltem Wasser etwa 1 Stunde wässern, das Wasser zwischendurch erneuern. Die Lunge mit einem spitzen Messer mehrmals einstechen, damit der Kochsud eindringen kann. Lunge und Herz in einen Topf geben, mit Wasser knapp bedecken und salzen. Zugedeckt etwa 1 ½ Stunden bei schwacher Hitze weich köcheln lassen. Aufsteigenden Schaum dabei mit einer Kelle abnehmen und stets so viel Wasser dazugießen, dass die Innereien gerade bedeckt sind.

2 1 Zwiebel schälen und mit 1 Lorbeerblatt sowie 1 Nelke spicken. Nach 1 Stunde Kochzeit die gespickte Zwiebel, 1 Knoblauchzehe, Pfefferkörner, 6 Wacholderbeeren und den Essig zu den Innereien geben und noch 30 Minuten kochen. Die Gewürze aus dem Sud entfernen und die Innereien im Sud, am besten über Nacht, abkühlen lassen. Dabei kräftig beschweren. Das abgekühlte Fleisch in feine Streifen schneiden und den Kalbsfond aufbewahren.

3 Das übrige Lorbeerblatt mit 1 Nelke, 1 Knoblauchzehe, 2 Wacholderbeeren, den Pimentkörnern und der Zitronenschale in ein kleines Mulltuch binden. Die übrige Zwiebel, die Möhre und den Sellerie schälen und in feine Streifen schneiden.

4 Puderzucker in einen Topf stäuben und bei mittlerer Hitze karamellisieren lassen. Die Gemüsestreifen dazugeben, leicht anschwitzen, Tomatenmark hineinrühren und kurz anrösten lassen. Mit Rotwein ablöschen, sirupartig reduzieren lassen und mit ¾ l Kalbsfond aufgießen. Die Stärke mit 3 Esslöffeln kaltem Wasser glatt rühren und den Sud damit binden. Das Gewürzsäckchen hineinhängen, bei milder Hitze 10 Minuten ziehen lassen und wieder entfernen. Den Sud durch ein feines Sieb gießen und zusammen mit der Sahne und der Butter in kleinen Stücken mit dem Stabmixer schaumig aufschlagen.

5 Gewürzgurken in Streifen schneiden. Fleisch- und Gemüsestreifen, Zitronenschale und Gewürzgurken in die Sauce geben, erwärmen und mit Salz, Pfeffer und nach Belieben mit etwas Essig abschmecken.

6 Für die Garnitur Butter mit 1 Prise Salz in einer Pfanne bei milder Temperatur aufschäumen. Die Wachteleier vorsichtig öffnen, einzeln in die Pfanne geben und zu Spiegeleiern braten. Das Kalbslüngerl auf vorgewärmte Teller verteilen, mit Petersilie bestreuen und mit jeweils 1 Wachtelei garnieren.

Gemischte Filetspitzen

1 Zwiebel
600 g gemischte Filetspitzen (Rind, Kalb, Schwein)
3 EL Öl
1 TL Puderzucker
1 TL Tomatenmark
1/8 l Weißwein
400–500 ml Geflügelbrühe
1 TL Speisestärke
1 Lorbeerblatt
1 Streifen unbehandelte Zitronenschale
1 Scheibe frischer Ingwer
1 Scheibe Knoblauch
100 g Sahne · 1 TL scharfer Senf
40 g Butter
80 g kleine, geschlossene Champignons
Salz · Cayennepfeffer
2 EL grob gehackte Kräuter (z. B. Kerbel, Dill, Estragon, Petersilie)

Für 4 Personen

1 Die Zwiebel schälen, halbieren und in kleine Würfel schneiden. Die Filetspitzen in dickere Scheiben oder Streifen schneiden und in einer großen Pfanne bei mittlerer Hitze im Öl von allen Seiten hellbraun anbraten. Die Filetspitzen dabei am besten portionsweise nacheinander braten, damit das Fleisch kein Wasser zieht. Das Fleisch sollte innen noch rosa sein. Die Filetstücke aus der Pfanne nehmen und in einem Sieb abtropfen lassen.

2 Puderzucker in die Pfanne stäuben, karamellisieren lassen, Tomatenmark dazugeben und kurz mitschwitzen lassen. Zwiebelwürfel hinzufügen und glasig dünsten. Mit Weißwein ablöschen, sirupartig reduzieren lassen und mit Brühe aufgießen. Die Speisestärke in etwas Wasser glatt rühren und die Brühe damit binden.

3 Lorbeerblatt, Zitronenschale, Ingwer und Knoblauch hineingeben. Das Ganze bei milder Hitze etwa 10 Minuten köcheln lassen. Gewürze wieder entfernen. Sahne und Senf hinzufügen, die Sauce nicht mehr kochen lassen und mit dem Stabmixer fein pürieren. Butter in kleinen Stückchen dazugeben und die Sauce nochmals aufschlagen.

4 Die Champignons putzen, nicht waschen, und in sehr feine Blätter schneiden oder mit dem Trüffelhobel fein hobeln. Die Filetspitzen mit den Champignons in die Sauce geben und darin erwärmen. Mit Salz und Cayennepfeffer abschmecken, zum Schluss mit frischen Kräutern bestreuen und sofort servieren.

»Zu den Filetspitzen wie auch zum Kalbslüngerl passen sehr gut kleine Semmelknödel. Dazu aus der Knödelmasse von Seite 18 mit feuchten Händen kleine Knödel von 5 bis 6 cm Durchmesser formen und in siedendem Salzwasser in 10 bis 15 Minuten gar ziehen lassen. Herausnehmen und sofort mit dem Fleisch servieren.«

Zwiebelrostbraten

8 Scheiben aus der Rinderhüfte (à 100 g)
Salz · Pfeffer aus der Mühle
2 EL Öl
3/4 l Geflügelbrühe
3 mittelgroße Zwiebeln
40 g Butter
1 TL Puderzucker
1 TL Tomatenmark
150 ml Rotwein
1 Prise getrockneter Majoran
20 g kalte Butter

Für 4 Personen

1. Die Fleischscheiben flach klopfen, salzen, pfeffern und in einer Pfanne im Öl von beiden Seiten anbraten. Aus der Pfanne nehmen, das Fett abgießen und den Bratensatz mit der Brühe ablöschen.

2. Die Zwiebeln schälen, halbieren und in feine Streifen schneiden. In einer Schmorpfanne mit der Butter und dem Puderzucker bei mittlerer Hitze hell bräunen. Das Tomatenmark hineinrühren, etwas mitschwitzen lassen und mit Rotwein ablöschen. Den Wein fast ganz reduzieren lassen. Die Brühe dazugießen und aufkochen lassen. Das Fleisch hineinlegen und knapp unter dem Siedepunkt in etwa 20 bis 30 Minuten weich schmoren. Dabei immer wieder mit Sud begießen. Nach 10 Minuten den Majoran hinzufügen.

3. Nach Garzeitende die Butter in der Sauce schmelzen lassen und mit Salz und Pfeffer abschmecken.

Kalbsrahmbraten

2 Zwiebeln · 1 Möhre
1/2 Stange Lauch
1,5 kg flache Schulter vom Kalb
Salz · Pfeffer aus der Mühle
2 EL Öl · 1 TL Puderzucker
1/4 l Rotwein
1 EL Tomatenmark
350 ml Geflügelbrühe
5 g getrocknete Steinpilze
1 Lorbeerblatt · 3 Wacholderbeeren
250 g Sahne
1 halbierte, geschälte Knoblauchzehe
1 Streifen unbehandelte Zitronenschale
1 Prise Cayennepfeffer

Für 4 Personen

1. Zwiebeln und Möhre schälen und in 1 bis 2 cm große Würfel schneiden. Den Lauch putzen, waschen und grob zerkleinern. Den Backofen auf 140 °C vorheizen.

2. Das Fleisch salzen, pfeffern und in einem Bräter im Öl bei mittlerer Hitze rundherum anbraten. Herausnehmen, das Fett abgießen, den Puderzucker hineinstäuben, karamellisieren lassen und mit der Hälfte des Rotweins ablöschen. Das Tomatenmark hineinrühren und das Ganze sirupartig reduzieren lassen, den restlichen Rotwein dazugießen, auf die Hälfte reduzieren lassen und mit Brühe aufgießen.

3. Das Fleisch in die Sauce legen, das Gemüse hinzufügen und zugedeckt im Ofen bei 140 °C etwa 2 1/2 Stunden schmoren lassen. Dabei immer wieder wenden. 20 Minuten vor Garzeitende getrocknete Pilze, Lorbeerblatt und Wacholderbeeren in die Sauce geben.

4. Die Sahne hineinrühren. Knoblauch und Zitronenschale dazugeben, den Braten herausnehmen und in Scheiben schneiden. Die Sauce durch ein Sieb streichen, mit einem Stabmixer aufschlagen und mit Salz und Cayennepfeffer abschmecken.

Wiener Schnitzel

2 Eier
1 EL geschlagene Sahne
8 kleine, dünne Kalbschnitzel (aus der Oberschale, à 60 g)
Salz
Pfeffer aus der Mühle
80 g doppelgriffiges Mehl
200 g frisch geriebenes Weißbrot (ohne Rinde)
ca. 200 g Butterschmalz zum Ausbacken
½ Zitrone

Für 4 Personen

1 Die Eier mit der Sahne verquirlen und in einen tiefen Teller füllen. Schnitzel salzen und pfeffern. Eines nach dem anderen zuerst im Mehl wenden, dabei das überschüssige Mehl abklopfen, dann durch die Ei-Sahne-Mischung ziehen. Zum Schluss in den Weißbrotbröseln wenden, die Brösel dabei nicht zu fest andrücken.

2 Reichlich Butterschmalz in einer Pfanne bei mittlerer Temperatur erhitzen. Die panierten Schnitzel darin zuerst auf einer Seite goldgelb backen und dann wenden. Das Fett durch eine leichte Vor- und Rückbewegung mit der Pfanne über die Schnitzel »schwappen« lassen, sodass die Panade sich wellenartig wölbt. Die Schnitzel braten, bis sie schön goldbraun sind.

3 Die fertigen Schnitzel aus der Pfanne nehmen, auf Küchenpapier abtropfen lassen, leicht salzen und je nach Geschmack mit etwas Zitronensaft beträufeln und mit Bratkartoffeln servieren.

Gekochtes Kalbsschwanzragout mit gebratenen Pilzen

Für den Kalbsschwanz:
1 Möhre · 1 Zwiebel
1 Scheibe Knollensellerie
4 Kalbsschwänze (1,5 kg)
2 EL Öl · 1 l Gemüsebrühe

Für das Ragout:
2 kleine Möhren
600 g kleine fest kochende Kartoffeln
8 Schalotten
3 Stangen Staudensellerie
1 TL Puderzucker
1/8 l Weißwein
1 Scheibe frischer Ingwer
1 Streifen unbehandelte Zitronenschale
1 Lorbeerblatt
1 Scheibe Knoblauch
1 TL Speisestärke
1 TL scharfer Senf
einige Tropfen Zitronensaft
Salz · Cayennepfeffer
100 g Sahne

Für die Pilze:
200 g gemischte Pilze der Saison (z. B. Austernpilze, Pfifferlinge, Champignons)
1 EL Öl · Salz

Zum Fertigstellen:
1 TL grob gehackte Estragonblätter
1 EL glatte Petersilie (grob gehackt)

Für 4 Personen

1 Für den Kalbsschwanz das Gemüse schälen und in 2 cm große Stücke schneiden. Kalbsschwänze mit einem Ausbeinmesser oder einem spitzen, scharfen Messer in seine natürlichen Segmente schneiden. Dabei mit dem Daumen die Gelenke des Kalbschwanzes ertasten und an dieser Stelle mit dem Messer durchtrennen.

2 Die Kalbsschwanzstücke in einem breiten Topf bei mittlerer Hitze im Öl von allen Seiten goldbraun anbraten, Gemüsewürfel dazugeben, kurz mitbraten und mit Gemüsebrühe aufgießen, sodass die Fleischstücke vollständig bedeckt sind. Den Kalbschwanz bei milder Hitze knapp unter dem Siedepunkt weich kochen, bis sich das Fleisch ganz leicht vom Knochen lösen lässt. Aus der Brühe nehmen und auskühlen lassen. Brühe durch ein Sieb gießen und 1/2 l abmessen.

3 Für das Ragout Möhren schälen, in 4 cm lange Stücke schneiden und je nach Dicke vierteln oder achteln. Kartoffeln waschen, schälen, längs achteln und bis zur Weiterverwendung in kaltes Wasser legen. Schalotten schälen, halbieren und in dünne Spalten schneiden. Staudensellerie putzen, in 4 cm lange Stücke und dann in dünne Stifte schneiden.

4 Puderzucker in einen Topf stäuben und bei mittlerer Hitze karamellisieren lassen. Möhren, Kartoffeln, Schalotten und Sellerie dazugeben, kurz mitschwitzen lassen und mit Weißwein ablöschen. Weißwein sirupartig reduzieren lassen, mit der Kalbsschwanzbrühe aufgießen und 10 Minuten bei milder Hitze sanft köcheln lassen. In der Zwischenzeit das Kalbsschwanzfleisch von den Knochen lösen.

5 Ingwer, Zitronenschale, Lorbeerblatt und Knoblauch zum Ragout geben. Die Speisestärke mit 1 bis 2 Esslöffeln kaltem Wasser anrühren, das Ragout unter Rühren damit binden und weitere 5 bis 8 Minuten köcheln lassen. Die Gewürze entfernen. Mit Senf, Zitronensaft, Salz und Cayennepfeffer würzen. Die ausgelösten Kalbsschwanzstücke unterrühren, erwärmen und das Ragout mit Sahne verfeinern.

6 Die Pilze putzen, nicht waschen, je nach Größe halbieren oder vierteln und in einer heißen Pfanne bei mittlerer Hitze im Öl kurz von allen Seiten anbraten. Leicht salzen und auf das Ragout geben.

7 Zum Fertigstellen das Kalbsschwanzragout nochmals abschmecken, mit Estragon und Petersilie bestreuen und servieren.

Rosa gegartes Roastbeef mit Senfsauce und Gurken-Erbsen-Salat

Für das Roastbeef:
600 g Roastbeef (ohne Knochen und Fettschicht)
Salz · Pfeffer aus der Mühle
1–2 EL Öl

Für den Salat:
2 Salatgurken
Salz
200 g Erbsen
3 reife Tomaten

Für das Dressing:
2–3 EL Weißweinessig
100 ml Geflügelbrühe
Salz · 1 Prise Zucker
1 EL Walnussöl · 2 EL Öl
2 EL frische Dillspitzen (grob gehackt)

Für die Senfsauce:
100 g Crème fraîche
50 g Sahne
1 TL scharfer Senf
Salz · Cayennepfeffer
1 Prise Zucker

Für 4 Personen

1 Für das Roastbeef den Backofen auf 120 °C vorheizen. Das Roastbeef mit Salz und Pfeffer würzen und in einer entsprechend großen Pfanne bei mittlerer Hitze im Öl von allen Seiten hell anbraten, sodass sich die Poren schließen. Das Roastbeef aus der Pfanne nehmen, auf ein Ofengitter mit untergelegtem Abtropfblech legen und im vorgeheizten Ofen in etwa 1 Stunde rosa garen. Einen Holzlöffel in die Ofentüre stecken, damit das Fleisch bei trockener Hitze gart. Das fertig gegarte Roastbeef bei Zimmertemperatur abkühlen lassen.

2 Für den Gurken-Erbsen-Salat die Salatgurken schälen, halbieren, die Kerne entfernen und die Gurken in sehr dünne Scheiben schneiden. Mit etwas Salz bestreuen, vermischen und auf ein Sieb geben.

3 Die Erbsen in reichlich kochendem Salzwasser bissfest blanchieren, in kaltem Wasser abschrecken und auf einem Sieb abtropfen lassen.

4 Die Tomaten 20 Sekunden in kochendes Wasser tauchen, in kaltem Wasser abschrecken, häuten, Stielansatz und Kerne entfernen und die Tomaten in kleine Würfel schneiden.

5 Für das Dressing Weißweinessig, Brühe, etwas Salz, Zucker und beide Ölsorten miteinander verrühren. Tomatenwürfel, Gurken und Erbsen mit dem Dressing mischen und zum Schluss Dill darüber streuen.

6 Für die Senfsauce die Crème fraîche mit der Sahne und dem Senf glatt rühren und mit Salz, Cayennepfeffer und Zucker abschmecken.

7 Das abgekühlte Roastbeef mit einem scharfen Messer in dünne Scheiben schneiden. Mit dem Gurken-Erbsen-Salat und der Senfsauce servieren.

» Das Roastbeef lässt sich auch gut schon am Vortag zubereiten. Das Fleisch nach dem Abkühlen zugedeckt im Kühlschrank aufbewahren. «

Gebackene Leberknödel auf Lauch-Champignon-Gemüse

Für die Leberknödel:

250 g Toastbrotscheiben (entrindet)
je 1 EL sehr kleine Zwiebel-, Möhren- und Knollenselleriewürfel
20 g Butter
200 ml Fleisch- oder Geflügelbrühe
70 g Sahne
1 Msp gehackter Knoblauch
1 Lorbeerblatt
2 Eier · 1 TL scharfer Senf
150 g Rinderleber (durch den Fleischwolf gedreht)
1 Msp fein gehackte unbehandelte Zitronenschale
1 Prise getrockneter Majoran
1 EL glatte Petersilie (grob gehackt)
Salz · Pfeffer aus der Mühle
1 Prise frisch geriebene Muskatnuss

Für das Gemüse:

2 Stangen Lauch (der weiße Teil)
200 g kleine Champignons
40 g Butter · 80 ml Weißwein
150 ml Fleisch- oder Geflügelbrühe
1 Msp gehackter Knoblauch
Salz · Pfeffer aus der Mühle
50 g Sahne
1 EL glatte Petersilie (grob gehackt)

Zum Fertigstellen:

Öl für die Fritteuse
60–70 g frisch geriebenes Weißbrot

Für 4 Personen

1. Für die Leberknödel das Toastbrot in 1/2 bis 1 cm breite Scheiben und anschließend in kleine Würfel schneiden.

2. Zwiebel-, Möhren- und Selleriewürfel in einer Pfanne mit der Butter bei milder Hitze 1 bis 2 Minuten anschwitzen, mit Brühe und Sahne ablöschen. Knoblauch und Lorbeerblatt dazugeben, kurz ziehen lassen und über die Toastbrotwürfel gießen. Das Brot 5 Minuten quellen lassen und dann das Lorbeerblatt entfernen.

3. Die Eier mit dem Senf verquirlen und zusammen mit der durchgedrehten Leber, der Zitronenschale, dem Majoran und der Petersilie unter die Toastbrotmischung heben. Die so entstandene Knödelmasse mit Salz, Pfeffer und Muskatnuss würzen.

4. Für das Gemüse Lauch putzen, halbieren, in 1 bis 2 cm breite Scheiben schneiden, waschen und gut abtropfen lassen. Champignons putzen, nicht waschen und in dünne Scheiben schneiden.

5. Den Lauch in einem Topf oder einer Pfanne bei mittlerer Hitze mit 20 g Butter 2 Minuten anschwitzen. Mit Weißwein ablöschen und sirupartig reduzieren lassen. Mit der Brühe aufgießen und kurz ziehen lassen. Den Knoblauch und die Champignons dazugeben, mit Salz und Pfeffer abschmecken, Sahne dazugießen, die restliche Butter darin schmelzen lassen und zum Schluss mit Petersilie bestreuen.

6. Zum Fertigstellen das Öl in der Fritteuse auf 160 bis 170 °C erhitzen.

7. Aus der Lebermasse mit feuchten Händen kleine Knödel formen. Die Leberknödel durch die Weißbrotbrösel rollen und im heißen Öl goldbraun frittieren. Auf Küchenpapier abtropfen lassen und mit dem Lauch-Champignon-Gemüse servieren.

» Bei der Zubereitung von größeren Leberknödeln werden die Knödel zuerst goldbraun frittiert und dann in heißer Gemüsebrühe knapp unter dem Siedepunkt in 5 bis 10 Minuten fertig gegart. Die Knödel entweder in der Brühe oder mit dem Lauch-Champignon-Gemüse servieren. «

Wirsing-Lamm-Laiberl mit Rotweinbutter

Für die Wirsing-Laiberl:
4 große, schöne Wirsingblätter
Salz
je 1 EL sehr kleine Möhren- und Zucchiniwürfel
300 g Kalbsbrät (vom Metzger)
2 EL Sahne
150 g Schweinehackfleisch
1 Msp fein gehackte unbehandelte Zitronenschale
½ TL Senf
Pfeffer aus der Mühle
160 g Lammrücken (ohne Knochen und Häute)
1 EL Öl
4 kleine Rosmarinzweige
Geflügelbrühe zum Dämpfen

Für die Rotweinbutter:
1 TL Puderzucker
150 ml Rotwein
50 ml Portwein
100 g kalte Butter
je 1 Streifen unbehandelte Orangen- und Zitronenschale
1 Scheibe frischer Ingwer
1 Scheibe Knoblauch
1 Rosmarinzweig
Salz
Pfeffer aus der Mühle

Für 4 Personen

1 Für die Laiberl die Wirsingblätter entstrunken, dabei aber ganz lassen, waschen und in reichlich kochendem Salzwasser bissfest blanchieren. In kaltem Wasser abschrecken, gut abtropfen lassen und zwischen zwei Küchentüchern mit einem Nudelholz leicht glatt rollen.

2 Die Gemüsewürfel in kochendem Salzwasser bissfest blanchieren, abschrecken, abtropfen lassen und mit Küchenpapier trockentupfen.

3 Das Kalbsbrät mit der Sahne glatt rühren. Schweinehackfleisch, Zitronenschale, Gemüsewürfel und Senf unter das Kalbsbrät mischen und die entstandene Farce mit etwas Salz und Pfeffer würzen.

4 Lammrücken in 4 gleich große, etwa 2 bis 3 cm breite Stücke schneiden. Salzen und pfeffern und in einer Pfanne bei mittlerer Temperatur im Öl von allen Seiten nur kurz anbraten. Aus der Pfanne nehmen und auf Küchenpapier abtropfen lassen.

5 Je 1 Wirsingblatt in eine große Schöpfkelle (125 ml Fassungsvermögen) legen, sodass die Ränder etwas überlappen. Mit 1 Esslöffel Farce füllen, ein Lammstück darauf legen und mit 2 Esslöffeln Farce bedecken. Die Kelle sollte ausgefüllt sein. Die überlappenden Ränder des Wirsingblattes darüber schlagen, gut andrücken und aus der Kelle stürzen. Auf die Wölbung 1 Rosmarinzweig legen und das Laiberl in Frischhaltefolie wickeln. Auf diese Weise alle Wirsing-Laiberl formen.

6 Etwas Brühe in einem Kochtopf mit passendem Dämpfeinsatz zum Köcheln bringen. Die fertigen Laiberl auf den Einsatz setzen und mit geschlossenem Deckel in etwa 15 Minuten gar dämpfen. Die Lammrückenstücke sollten dabei rosa bleiben.

7 Für die Rotweinbutter den Puderzucker in einen Topf oder eine Pfanne sieben, bei mittlerer Hitze karamellisieren lassen, mit Rotwein und Portwein ablöschen und fast sirupartig reduzieren lassen. Bei milder Hitze nach und nach die kalte Butter in Stückchen unter ständigem Rühren dazugeben, die Flüssigkeit dabei nicht kochen lassen. Sobald die Sauce die gewünschte Konsistenz hat, die Pfanne vom Herd nehmen. Die Gewürze dazugeben, 3 bis 4 Minuten ziehen lassen, wieder entfernen und die Sauce mit Salz und Pfeffer abschmecken. Die Wirsing-Lamm-Laiberl aus der Folie nehmen, in der Mitte durchschneiden und mit der noch heißen Rotweinbutter servieren.

Gekochte Lammschulter mit Meerrettich-Kräuter-Pesto

Für die Lammschulter:
1 Lammschulter (ohne Knochen, ca. 1,2 kg)
Salz · Pfeffer aus der Mühle
2 EL Öl · 2–3 l Geflügelbrühe
1 Lorbeerblatt
2 geschälte Knoblauchzehen
5 Pimentkörner · 1 Thymianzweig
1 kleine getrocknete Chilischote
1 Streifen unbehandelte Zitronenschale
1 mittelgroße Möhre
500 g kleine fest kochende Kartoffeln
150 g Knollensellerie · 1 Zwiebel

Für das Pesto:
30 g geschälte Mandeln
1 Bund Basilikum
50 g Spinatblätter · Salz
1 EL geriebener Parmesan
1–2 EL Sahnemeerrettich
½ TL Zitronensaft · 150 ml Olivenöl
Pfeffer aus der Mühle

Für 4 Personen

1 Für die Lammschulter das Fleisch mit Küchengarn zu einer Rolle binden, salzen, pfeffern und in einer Pfanne bei mittlerer Hitze im Öl rundherum anbraten. Das Fleisch mit so viel Brühe in einen Topf geben, dass es bedeckt ist, und 2 Stunden knapp unter dem Siedepunkt ziehen lassen. Dabei aufsteigende Trübstoffe mit einem Schaumlöffel abschöpfen. Nach 15 Minuten Lorbeer, Knoblauch, Piment, Thymian, Chili und Zitronenschale dazugeben.

2 Die Gemüse schälen. Die Möhre schräg in etwa 1 cm dicke Scheiben schneiden. Die Kartoffeln der Länge nach halbieren und quer in 1 cm dicke Scheiben schneiden. Sellerie und Zwiebel in gleich große Stücke schneiden. 30 Minuten vor Garzeitende das Gemüse in die Suppe geben und weich garen. Die Gewürze entfernen.

3 Für das Pesto die Mandeln in einer Pfanne ohne Fett hell rösten und auskühlen lassen. Das Basilikum waschen, trockentupfen und die Blätter von den Stielen zupfen. Die Spinatblätter waschen, trockenschütteln und putzen. In reichlich kochendem Salzwasser kurz blanchieren, in kaltem Wasser abschrecken, abgießen und gut ausdrücken. Alle Zutaten in einem Mixer zu einer Paste verarbeiten, mit Salz und Pfeffer würzen.

4 Zum Anrichten die Lammschulter aus der Brühe nehmen, den Faden entfernen und das Fleisch in Scheiben schneiden. Die Brühe durch ein feines Sieb gießen und mit Salz und Pfeffer abschmecken. Die Fleischscheiben mit dem Gemüse und etwas Brühe in vorgewärmten Suppentellern anrichten und je 1 Esslöffel Meerrettich-Kräuter-Pesto darauf geben.

» Damit das Pesto seine schöne grüne Farbe behält, die benötigte Menge am besten erst unmittelbar vor der Verwendung salzen. «

Geflügel & Wild

Geräucherte Barbarie-Entenbrust mit Schwarzwurzelgemüse und Trüffeln

Für das Gemüse:
200 g Zuckerschoten
Salz
700 g Schwarzwurzeln
2 EL Öl
125 ml süßer Weißwein
150 g Sahne
1 Prise Cayennepfeffer
je 1 Streifen unbehandelte Zitronen- und Orangenschale
20 g Butter
1 EL glatte Petersilie (grob gehackt)

Für die Entenbrust:
4 EL Räuchermehl
1–2 EL Öl
2–4 Barbarie-Entenbrüste (insgesamt ca. 700 g)
Salz
Pfeffer aus der Mühle

Zum Fertigstellen:
4–8 schwarze Trüffelscheiben (1–2 g pro Person)
1 EL Walnussöl

Für 4 Personen

1 Für das Gemüse die Zuckerschoten putzen, waschen und schräg halbieren. In kochendem Salzwasser bissfest blanchieren, in kaltem Wasser abschrecken und gut abtropfen lassen.

2 Die Schwarzwurzeln unter fließendem Wasser bürsten, mit einem Spargelschäler schälen und schräg in dünne Scheiben schneiden. Die Schwarzwurzelscheiben in einem breiten Topf im Öl bei mittlerer Hitze 2 bis 3 Minuten anschwitzen, mit dem Wein ablöschen, sirupartig reduzieren lassen und mit der Sahne aufgießen. Die Schwarzwurzeln bei milder Hitze weich dünsten. Mit Salz und Cayennepfeffer abschmecken, Zuckerschoten und Zitrusschalen dazugeben und erwärmen. Kurz vor dem Servieren die Zitrusschalen entfernen und das Gemüse nochmals abschmecken. Die Butter darin schmelzen lassen und mit der Petersilie bestreuen.

3 Für die geräucherte Entenbrust einen Dämpf- oder Räuchertopf (mit Dämpfeinsatz und Deckel) mit Alufolie auslegen, Räuchermehl auf der Folie verteilen. Den Dämpfeinsatz leicht einölen, auf die Folie setzen, den Deckel darauf legen und den Topf bei mittlerer Temperatur erhitzen, bis leichter Rauch aufsteigt.

4 Die Entenbrüste von den Sehnen befreien und eventuell vorhandene Federkiele mit einer Pinzette herauszupfen. Die Hautseite rautenförmig einschneiden und von beiden Seiten salzen und pfeffern.

5 Entenbrüste in einer Pfanne bei mittlerer Hitze auf der Hautseite in 4 bis 5 Minuten kross anbraten, einmal kurz wenden, aus der Pfanne nehmen und nebeneinander mit der Hautseite nach oben auf den Dämpfeinsatz legen. Den Deckel wieder auflegen und die Entenbrüste bei milder Hitze in 5 bis 10 Minuten rosa garen.

6 Zum Fertigstellen die Trüffelscheiben in einer Pfanne bei milder Hitze im Walnussöl von beiden Seiten nur kurz anbraten und auf das fertige Schwarzwurzelgemüse legen. Entenbrüste in dünne Scheiben schneiden und sofort mit dem Gemüse servieren.

» Schwarzwurzeln enthalten einen weißen Milchsaft, der sich an der Luft braun verfärbt und Flecken verursachen kann. Deshalb am besten mit Einweghandschuhen arbeiten. «

Ganserllebermousse mit Portweingelee und glasierten Birnenspalten

Für das Portweingelee:
1 ½ Blatt Gelatine
20 g Zucker
100 ml roter Portwein
50 ml Cognac

Für die Mousse:
350 g Gänseleber
(ersatzweise Entenleber)
½ TL Zucker
100 g Butter
1 Prise getrockneter Majoran
1 Prise quatre épices (siehe unten)
1 Prise Cayennepfeffer
2 cl Cognac
2 cl Portwein
1 EL Apfelgelee
je 1 Streifen unbehandelte
Orangen- und Zitronenschale
130 g Sahne
Salz

Für die Birnenspalten:
2 kleine, reife Birnen
½ TL Puderzucker
2 EL Geflügelbrühe
20 g Butter

Für 4 Personen

1 Für das Portweingelee die Gelatine in kaltem Wasser einweichen. Zucker, Portwein und Cognac in einem kleinen Topf bei milder Hitze zum Köcheln bringen, den Topf vom Herd nehmen. Die Gelatine ausdrücken und in der heißen Flüssigkeit auflösen. Das Portweingelee bei Zimmertemperatur auskühlen lassen.

2 Für die Mousse die Leber säubern und in 2 cm große Stücke schneiden. Den Zucker in einer Pfanne bei milder Hitze karamellisieren lassen, die Leber und 1 Esslöffel Butter dazugeben. Mit Majoran, quatre épices und Cayennepfeffer würzen. Die Leber in 1 bis 2 Minuten darin rosa braten, mit Cognac und Portwein ablöschen und das Apfelgelee unterrühren. Die Zitrusschalen hineingeben, mit Sahne aufgießen, leicht erwärmen und salzen. Kurz stehen lassen und die Zitrusschalen wieder entfernen. Das Ganze in einem Mixer mit der restlichen kalten Butter glatt pürieren und eventuell noch durch ein feines Sieb streichen, nochmals abschmecken.

3 In eine flache Form oder Schale füllen, dabei sollte die Form nicht bis zum Rand gefüllt sein. Die Mousse glatt streichen und im Kühlschrank in 30 Minuten fest werden lassen. Aus dem Kühlschrank nehmen und das noch flüssige Portweingelee in einer ½ cm hohen Schicht auf die Mousse gießen. Mindestens 2 Stunden in den Kühlschrank stellen.

4 Für die Birnenspalten die Birnen waschen, vierteln, entkernen und in gleich große Spalten schneiden. Puderzucker in einer Pfanne bei mittlerer Hitze karamellisieren lassen, Birnenspalten dazugeben, durchschwenken, mit der Brühe ablöschen und die Butter darin schmelzen lassen.

5 Zum Anrichten einen kleinen Löffel in heißes Wasser tauchen und mit dem warmen Löffel kleine Nocken aus der Ganserllebermousse stechen. Jeweils zwei Nocken auf einem kalten Teller anrichten und die noch warmen Birnenspalten neben die Moussenocken legen. Gut passen dazu ein kleiner Salat und getoastete Brot- oder Briochescheiben.

» Quatre épices ist eine französische Mischung aus gemahlenen oder geriebenen Gewürzen. Sie besteht aus Gewürznelken, Muskatnuss, Pfeffer und Zimt und ist in Feinkostläden erhältlich. «

Backhendl mit Kartoffel-Spargel-Salat

Für den Kartoffel-Spargel-Salat:
700 g fest kochende Kartoffeln
Salz · ½ TL ganzer Kümmel
500 g grüner Spargel
3 EL Weißweinessig
350 ml Geflügelbrühe
1 TL scharfer Senf · 1 Prise Zucker
1 mittelgroße Zwiebel · 4–5 EL Öl
1–2 EL braune Butter (siehe S. 10)
Pfeffer aus der Mühle
2 EL glatte Petersilie (grob gehackt)

Für das Backhendl:
2 Eier · 40 g doppelgriffiges Mehl
½ TL scharfer Senf
einige Tropfen Zitronensaft
Salz · Pfeffer aus der Mühle
1 Prise frisch geriebene Muskatnuss
150–200 g frisch geriebenes Weißbrot
1 TL getrocknetes Bohnenkraut
4 Geflügelbrüste (ohne Haut und Knochen)
Öl zum Ausbacken

Für 4 Personen

1 Für den Kartoffel-Spargel-Salat die Kartoffeln waschen und in Salzwasser mit Kümmel weich kochen. Die Kartoffeln abgießen, möglichst heiß schälen, in Scheiben schneiden und in eine Schüssel geben.

2 Das untere Drittel des Spargels schälen und die holzigen Enden entfernen. Den Spargel in kochendem Salzwasser bissfest blanchieren, in kaltem Wasser abschrecken, gut abtropfen lassen und schräg in 1 cm breite Scheiben scheiden.

3 Essig, Brühe, Senf und Zucker miteinander vermischen. Die Zwiebel schälen, halbieren, in kleine Würfel schneiden und in einer Pfanne bei mittlerer Hitze in 2 Esslöffeln Öl anschwitzen. Mit der Marinade ablöschen und auf die Kartoffelscheiben geben. Restliches Öl und flüssige braune Butter unter den Kartoffelsalat mischen und mit Salz und Pfeffer würzen. Zum Schluss Spargel und Petersilie unterheben, kurz ziehen lassen und nochmals abschmecken.

4 Für das Backhendl Eier, Mehl und Senf zusammen glatt rühren und mit Zitronensaft, Salz, Pfeffer und Muskatnuss würzen. Die Weißbrotbrösel mit dem Bohnenkraut vermischen und beide Mischungen separat in tiefe Teller oder Schalen füllen. Die Geflügelbrüste in 3 bis 4 cm breite Streifen schneiden. Salzen, pfeffern und nacheinander zuerst in der Eier-Mehl-Mischung, dann in den Weißbrotbröseln wenden.

5 Die panierten Geflügelstücke in einer Pfanne bei milder Hitze in reichlich Öl von beiden Seiten in insgesamt 4 bis 5 Minuten goldbraun backen. Auf Küchenpapier abtropfen lassen, leicht salzen und mit dem noch lauwarmen Kartoffelsalat servieren.

» Die überschüssigen Weißbrotbrösel sieben und zugedeckt an einem trockenen Ort aufbewahren. Zur Herstellung der Brösel eignen sich Brötchen, Toastbrot oder jede Art von Weißbrot. «

Kross gebratene Bauernente

Für die Ente:
½ Zwiebel
½ Apfel
1 Bauernente (ca. 2,5 kg)
Salz
Pfeffer aus der Mühle

Für die Sauce:
2 Zwiebeln
1 Möhre
150 g Knollensellerie
1 TL Puderzucker oder Zucker
1 TL Tomatenmark
400 ml Rotwein
½ l Geflügelbrühe
½ Apfel
½ TL getrockneter Majoran
2 Scheiben Knoblauch
2 Scheiben frischer Ingwer
1 Streifen unbehandelte Orangenschale
Salz
30 g Butter

Zum Fertigstellen:
Öl für das Blech

Für 4 Personen

1 Für die Ente den Backofen auf 140 °C vorheizen. Zwiebel schälen, Apfel waschen, entkernen und beides in grobe Würfel schneiden. Von der Ente die Flügelknochen und den Hals abschneiden, innen und außen waschen, trockentupfen, salzen und pfeffern. Die Bauchhöhle mit Zwiebel- und Apfelwürfeln füllen und mit einem Schaschlikspieß verschließen. Die gefüllte Ente in einen Bräter setzen und ½ l Wasser dazugießen. Im Ofen etwa 2 ½ Stunden garen, dabei austretendes Fett zwischendurch abschöpfen und aufheben. Falls zu viel Flüssigkeit verdampft, etwas Wasser dazugeben.

2 Für die Sauce das Gemüse schälen und in 1 bis 2 cm große Würfel schneiden. Von der Ente Brüste und Keulen entlang der Karkasse auslösen und aus den Keulen den Oberschenkelknochen entfernen. Die Füllung aus der Bauchhöhle entfernen. Die Entenkarkasse mit den Flügelknochen und dem Hals klein hacken.

3 Puderzucker oder Zucker in einem breiten Topf bei mittlerer Hitze karamellisieren lassen. Knochen dazugeben, kurz anrösten, Tomatenmark unterrühren und mit der Hälfte des Rotweins ablöschen. Rotwein sirupartig reduzieren lassen und den Vorgang mit dem restlichen Rotwein wiederholen. Das Gemüse hinzufügen, mit der Brühe aufgießen und bei milder Hitze gut 30 Minuten sanft köcheln lassen. Apfel waschen, entkernen, in Scheiben schneiden und nach 15 Minuten zusammen mit dem Majoran, Knoblauch, Ingwer und der Orangenschale in die Sauce geben. Die Sauce durch ein feines Sieb gießen und auf die Hälfte reduzieren lassen. Kurz vor dem Servieren die Sauce mit Salz abschmecken. Die Butter darin schmelzen lassen.

4 Zum Fertigstellen die Grillfunktion des Backofens einschalten. Die Entenbrüste und -keulen mit der Hautseite nach oben auf ein leicht geöltes Blech legen und auf der untersten Einschubleiste im Ofen in 10 bis 15 Minuten kross werden lassen. Die Entenbrüste und -keulen mit der Sauce auf vorgewärmten Tellern anrichten. Dazu passen kleine Kartoffelknödel und das Schokoladenblaukraut von Seite 54.

» Wer eine sämigere Sauce bevorzugt, kann diese mit wenig angerührter Speisestärke vor dem Reduzieren binden. «

Rebhuhn auf zwei Arten

Für die geschmorten Rebhuhnkeulen:

2 Rebhühner (küchenfertig)
200 g Knollensellerie
2 Zwiebeln · 2 Möhren
Salz · Pfeffer aus der Mühle
1–2 EL Öl
1 EL Tomatenmark
200 ml Rotwein
50 cl roter Portwein · 2 cl Cognac
1 Prise Zucker
600 ml Geflügelbrühe
1 Streifen unbehandelte Orangenschale
2 cm Zimtrinde
2 Scheiben frischer Ingwer
1 Lorbeerblatt
1 kleiner Thymianzweig
5 angedrückte Wacholderbeeren
½ TL Pfefferkörner
10 g getrocknete Pilze
1 EL Preiselbeeren (aus dem Glas)
20 g Butter

Für die gebratenen Rebhuhnbrüste:

Salz · Pfeffer aus der Mühle
2 EL Öl

Für 4 Personen

1 Für die Rebhuhnkeulen von den Rebhühnern die Keulen und Flügel abtrennen. Aus den Keulen mit einem spitzen Messer die Oberschenkelknochen entfernen. Die Rebhuhnbrüste an der Karkasse lassen.

2 Knollensellerie, Zwiebeln und Möhren schälen und in 1 bis 2 cm große Stücke schneiden. Keulen leicht salzen und pfeffern und zusammen mit den Flügeln in einem Topf bei mittlerer Hitze im Öl auf der Hautseite braun anbraten. Keulen wenden und mit den Flügeln aus dem Topf nehmen. Gemüse dazugeben und 1 bis 2 Minuten anschwitzen. Tomatenmark hineinrühren, leicht anrösten, mit Rotwein, Portwein und Cognac ablöschen und die Flüssigkeit sirupartig reduzieren lassen. Mit Zucker würzen, Keulen und Flügel wieder hineinlegen und mit Brühe aufgießen. Die Keulen bei milder Hitze knapp unter dem Siedepunkt 35 bis 45 Minuten weich schmoren. Nach 25 Minuten Orangenschale, Zimt, Ingwer, Lorbeer, Thymian, Wacholder, Pfeffer und Pilze dazugeben.

3 Für die gebratenen Rebhuhnbrüste den Backofen auf 130 °C vorheizen. Die Rebhuhnbrüste an der Karkasse innen und außen salzen und pfeffern, in einer Pfanne bei mittlerer Hitze im Öl von allen Seiten hell anbraten. Mit der Brustseite nach oben auf ein Ofengitter mit untergelegtem Abtropfblech legen und im Ofen in 20 bis 25 Minuten rosa garen.

4 Die geschmorten Keulen aus dem Topf nehmen, die Sauce durch ein Sieb gießen und auf etwa die Hälfte reduzieren lassen. Mit Preiselbeeren, Salz und Pfeffer abschmecken. Zum Schluss die Butter in der Sauce schmelzen lassen.

5 Die Rehhuhnbrüste mit einem Messer von der Karkasse lösen und mit den Keulen und der Sauce servieren. Dazu passt sehr gut das Champagnerkraut von Seite 55.

» Für eine gebundene Sauce kann das Gemüse in der Sauce püriert werden. Dazu Gewürze und Flügel vorher entfernen. «

Gebeizter Rehbraten mit Perlzwiebeln und karamellisierten Äpfeln

Für die Beize:
1 Zwiebel · 1 kleine Möhre
120 g Knollensellerie
1,2 kg Rehfleisch (aus der Keule)
1 l Rotwein
4 cl Cognac

Zum Schmoren:
3 EL Öl
1 TL Puderzucker
1 EL Tomatenmark
300 ml kräftige Geflügelbrühe
1 Lorbeerblatt
5 Wacholderbeeren
1 TL schwarze Pfefferkörner
1 TL Pimentkörner

Für die Perlzwiebeln:
500 g Perlzwiebeln
1 TL Puderzucker
200 ml Portwein
1/8 l Geflügelbrühe
1 Lorbeerblatt

Zum Fertigstellen:
40 g kalte Butter
je 1 Streifen unbehandelte Zitronen- und Orangenschale
1 EL Preiselbeeren (aus dem Glas)

Für die Äpfel:
1 roter Apfel
1 TL Puderzucker
20 g Butter

Für 4 Personen

1 Für die Beize das Gemüse schälen und in 1 cm große Würfel schneiden. Das Fleisch und das Gemüse mit Rotwein und Cognac begießen. 1 bis 2 Tage zugedeckt an einem kühlen Ort marinieren lassen.

2 Zum Schmoren den Ofen auf 140 °C vorheizen. Das Fleisch aus der Beize nehmen und trockentupfen. Die Beize durch ein Sieb in einen kleinen Topf gießen, das Gemüse dabei auffangen. Beize langsam aufkochen lassen, den dabei aufsteigenden Schaum mit einem Schaumlöffel abschöpfen und den Topf vom Herd nehmen.

3 Das Fleisch in einem Schmortopf bei mittlerer Hitze im Öl rundherum sanft anbraten und aus dem Topf nehmen. Das Fett abgießen, den Puderzucker hineinstäuben und karamellisieren lassen. Mit einem Viertel der Beize ablöschen, Tomatenmark hineinrühren und die Flüssigkeit sirupartig reduzieren lassen. Mit der übrigen Beize den Vorgang dreimal wiederholen. Gemüse hinzufügen, die Brühe dazugießen und den Rehbraten hineinlegen. Im geschlossenen Topf im vorgeheizten Ofen etwa 2 1/2 Stunden schmoren. Dabei den Braten immer wieder wenden. 20 Minuten vor Garzeitende die Gewürze hinzufügen.

4 Die Perlzwiebeln schälen, dafür am besten vorher einige Zeit in Wasser legen. In einem Topf den Puderzucker karamellisieren, die Perlzwiebeln darin kurz anschwitzen. Mit der Hälfte des Portweins aufgießen und reduzieren lassen. Den restlichen Portwein hinzufügen, ebenfalls reduzieren lassen, dann die Brühe dazugießen und das Lorbeerblatt hineinlegen. Die Zwiebeln in 30 bis 40 Minuten weich schmoren, das Lorbeerblatt danach entfernen.

5 Zum Fertigstellen den Braten aus der Sauce nehmen, in Scheiben schneiden und warm stellen. Die Sauce durch ein Sieb streichen, das Gemüse dabei ausdrücken und die Gewürze entfernen. Die Butter in die Sauce mixen und die Perlzwiebeln unterrühren. Zitrusschalen hineinlegen, einige Minuten ziehen lassen und entfernen. Die Preiselbeeren in die Sauce rühren, das Fleisch dazugeben und warm halten.

6 Apfel waschen, vierteln, entkernen und in schmale Spalten schneiden. In einer Pfanne den Puderzucker karamellisieren lassen. Die Äpfel darin auf beiden Seiten bräunen, Butter darin schmelzen lassen. Rehbraten mit Perlzwiebeln und karamellisierten Apfelspalten anrichten.

Wildhasenragout mit Melone

4 Wildhasenkeulen
1 Zwiebel · 1 kleine Möhre
120 g Knollensellerie
3 EL Öl · 1 TL Tomatenmark
2 cl Grand Marnier · 1/8 l Rotwein
350 ml Geflügelbrühe
1 Lorbeerblatt · 4 Wacholderbeeren
5 Pimentkörner · 1 Scheibe Ingwer
1 Streifen unbehandelte Orangenschale · 1 Zweig Rosmarin
100 g gut durchwachsener Speck (in dünnen Scheiben)
je 1/4 Cantaloup- und Honigmelone · 20 g Butter
2 EL geröstete Haselnussblättchen

Für 4 Personen

1 Die Wildhasenkeulen auslösen und in 2 cm große Würfel schneiden. Das Gemüse schälen und in 1 cm große Würfel schneiden. Das Fleisch im Schmortopf in 2 Esslöffeln Öl anbraten, das Gemüse hinzufügen, das Tomatenmark unterrühren und mitschwitzen lassen, mit Grand Marnier und der Hälfte des Rotweins ablöschen. Sirupartig reduzieren lassen, den übrigen Rotwein dazugießen, ebenfalls reduzieren lassen und mit der Brühe aufgießen. 1 Stunde leicht köcheln lassen. Lorbeerblatt, Wacholderbeeren, Pimentkörner, Ingwer, Orangenschale und Rosmarin in die Sauce rühren und 15 Minuten ziehen lassen.

2 Die Fleischstücke herausnehmen und die Sauce durch ein Sieb passieren. Das Fleisch wieder in die Sauce geben. Den Speck in 1 cm breite Streifen schneiden, in 1 Esslöffel Öl kross anbraten und auf Küchenpapier abtropfen lassen. Aus den Melonen kleine Kugeln ausstechen und in einer Pfanne mit der Butter 1 bis 2 Minuten anschwitzen.

3 Das Ragout in eine warme Servierschale geben, die Melonenkugeln darauf verteilen und mit Speck und Haselnussblättchen bestreuen.

Hirschschnitzel in Haselnuss-Panade

150 g frisch geriebenes Weißbrot
50 g grob gemahlene Haselnüsse
2 Eier · 80 g Mehl
8 dünne Hirschschnitzel aus der Keule (à 60–70 g)
Salz
Gewürzmischung (je 1/2 TL Pfeffer-, Pimentkörner, Wacholderbeeren, zerbröckelte Zimtrinde und 2 Chilischoten)
ca. 200 g Butterschmalz
1/2 unbehandelte Zitrone oder Orange

Für 4 Personen

1 Weißbrotbrösel und Haselnüsse mischen. Eier verquirlen. Bröselmischung, Eier und Mehl jeweils in tiefe Teller füllen. Die Hirschschnitzel zwischen zwei Lagen Frischhaltefolie flach klopfen und salzen. Die Gewürze in eine Gewürzmühle füllen und die Schnitzel damit würzen. Eines nach dem anderen im Mehl wenden, dabei überschüssiges Mehl abklopfen. Durch die Eier ziehen und in den Bröseln wenden, diese dabei aber nicht zu fest andrücken.

2 Reichlich Butterschmalz in einer Pfanne bei mittlerer Temperatur erhitzen und die Schnitzel darin zuerst auf einer Seite goldgelb backen. Wenden und die zweite Seite ebenfalls goldgelb backen. Die Schnitzel mit heißem Fett begießen, bis die Panade sich von der Fleischoberfläche leicht gelöst hat und beide Seiten gleichmäßig gebräunt sind. Die Schnitzel auf Küchenpapier abtropfen lassen, leicht salzen und je nach Geschmack mit etwas Zitronen- oder Orangensaft beträufeln.

Rehragout mit Weintrauben, Croûtons und Speck

Für das Ragout:
800 g Rehfleisch (aus der Schulter)
200 g Knollensellerie
1 Möhre
2 mittelgroße Zwiebeln
1–2 EL Öl · 1 EL Tomatenmark
200 ml Rotwein · 4 cl Cognac
1/2 l Geflügelbrühe
1 Lorbeerblatt
2 Scheiben Knoblauch
1/2 TL schwarze Pfefferkörner
5 angedrückte Wacholderbeeren
5 Pimentkörner

Für die Garnitur:
80 g kernlose weiße Weintrauben
4 dünne Scheiben gut durchwachsener Speck (60 g) · 1 TL Öl
2 Toastbrotscheiben · 40 g Butter

Zum Fertigstellen:
10 g Bitterschokolade
1 EL Johannisbeergelee
Salz · Pfeffer aus der Mühle
Rotweinessig zum Abschmecken
20 g Butter

Für 4 Personen

1 Für das Ragout das Rehfleisch von den Sehnen befreien und in 3 bis 4 cm große Stücke schneiden. Sellerie, Möhre und Zwiebeln schälen und in etwa 2 cm große Würfel schneiden.

2 Einen breiten Topf erhitzen und die Rehstücke darin bei mittlerer Hitze im Öl von allen Seiten gut anbraten. Das Gemüse dazugeben und kurz anschwitzen. Tomatenmark hineinrühren, kurz rösten, mit Rotwein und Cognac ablöschen und die Flüssigkeit sirupartig reduzieren lassen. Mit so viel Brühe aufgießen, dass die Fleischstücke gut bedeckt sind. Rehfleisch etwa 1 bis 1 1/2 Stunden bei milder Hitze knapp unter dem Siedepunkt weich schmoren. Nach 30 Minuten Lorbeer, Knoblauch, Pfefferkörner, Wacholder und Pimentkörner dazugeben.

3 Für die Garnitur die Weintrauben waschen, abtropfen lassen und je nach Größe halbieren. Speckscheiben in 1 bis 2 cm breite Streifen schneiden und in einer Pfanne bei mittlerer Hitze im Öl kross braten. Auf Küchenpapier abtropfen lassen. Das Toastbrot entrinden, in 1 cm große Würfel schneiden und in einer Pfanne bei milder Hitze mit der Butter goldbraun rösten. Ebenfalls auf Küchenpapier gut abtropfen lassen.

4 Zum Fertigstellen das geschmorte Fleisch aus dem Topf nehmen. Die Sauce durch ein Sieb gießen und je nach Konsistenz noch etwas reduzieren lassen. Für eine gebundene Sauce das Schmorgemüse mit der Sauce pürieren. Die Schokolade darin schmelzen lassen, mit Johannisbeergelee, Salz, Pfeffer und Rotweinessig abschmecken. Das Fleisch wieder dazugeben und in der Sauce erwärmen.

5 Weintrauben, Speck und Croûtons in einer Pfanne mit der Butter durchschwenken und auf das Ragout geben.

»Je nach Geschmack kann die Sauce auch noch mit etwas Sahne verfeinert werden. Zusammen mit den Weintrauben können Sie noch 40 g halbierte Walnüsse in der Pfanne mit Butter durchschwenken und zum Ragout geben.«

Rosa gebratener Hirschrücken mit Rosenkohl-Nudelfleckerln

Für die Hirschsauce:
1 kg Hirschknochen (vom Metzger klein gehackt)
200 g Knollensellerie · 1 Möhre
2 Zwiebeln · 1 TL Puderzucker
1 EL Tomatenmark
400 ml kräftiger Rotwein
50 ml roter Portwein
3/4 l Geflügelbrühe
5 g getrocknete Pilze
je 1 Streifen unbehandelte Zitronen- und Orangenschale
2 Lorbeerblätter
1 Scheibe Knoblauch
1 Scheibe frischer Ingwer
Salz · Pfeffer aus der Mühle
5 angedrückte Wacholderbeeren
3 Pimentkörner · 2 cm Zimtrinde
1 Rosmarinzweig · 30 g Butter

Für die Nudelfleckerln:
250 g Mehl · 100 g Hartweizengrieß
1 Ei · 4 Eigelb · 2 EL Olivenöl
Salz · 250 g Rosenkohl

Für den Hirschrücken:
600 g Hirschrückenfilet (küchenfertig) · Salz
Pfeffer aus der Mühle · 2 EL Öl

Zum Fertigstellen:
Salz · 20 g Butter
Pfeffer aus der Mühle
frisch geriebene Muskatnuss

Für 4 Personen

1. Für die Sauce den Ofen auf 200 °C vorheizen. Die Hirschknochen auf einem Blech im Ofen rundherum in gut 30 Minuten dunkelbraun rösten. Auf einem Sieb abtropfen lassen. Gemüse schälen und in 2 cm große Würfel schneiden.

2. Puderzucker in einem breiten Topf bei mittlerer Hitze karamellisieren lassen. Die Knochen dazugeben, anschwitzen, Tomatenmark unterrühren, kurz anrösten und mit der Hälfte des Rotweins und dem Portwein ablöschen. Flüssigkeit sirupartig reduzieren lassen und den Vorgang mit dem restlichen Wein wiederholen. Gemüse dazugeben und so viel Brühe dazugießen, dass die Knochen bedeckt sind. Bei milder Hitze knapp unter dem Siedepunkt etwa 1 Stunde ziehen lassen. Nach 45 Minuten Pilze, Zitrusschalen, Lorbeer, Knoblauch und Ingwer hineingeben.

3. Die Sauce durch ein feines Sieb gießen und auf etwa zwei Drittel reduzieren lassen. Wacholder, Piment, Zimt und Rosmarin dazugeben, 5 Minuten ziehen lassen. Gewürze entfernen, mit Salz und Pfeffer abschmecken und die Butter darin schmelzen lassen.

4. Für die Nudelfleckerln Mehl, Grieß, Ei, Eigelb, Öl und 1 Prise Salz mithilfe einer Küchenmaschine zu einem glatten, festen Teig verarbeiten. In Frischhaltefolie wickeln und bei Zimmertemperatur gut 30 Minuten ruhen lassen. Mit einer Nudelmaschine oder einem Nudelholz dünn ausrollen und in 3 cm breite Vierecke schneiden. Bis zur Weiterverwendung auf ein mit Grieß bestreutes Brett legen.

5. Rosenkohl putzen und einzelne Blätter abzupfen. Blätter in Salzwasser bissfest blanchieren, in kaltem Wasser abschrecken, abtropfen lassen.

6. Für den Hirschrücken den Backofen auf 120 °C vorheizen. Hirschrücken halbieren, salzen und pfeffern und in einer Pfanne im Öl von allen Seiten kurz anbraten. Das Fleisch auf einem Ofengitter mit untergelegtem Abtropfblech im Ofen in etwa 20 Minuten rosa garen.

7. Zum Fertigstellen die Nudelfleckerln in siedendem Salzwasser garen, abgießen und in einer Pfanne bei mittlerer Hitze in der Butter hell anbraten. Die Rosenkohlblätter dazugeben, durchschwenken und mit Salz, Pfeffer und Muskat würzen. Hirschrücken dünn aufschneiden, mit den Nudelfleckerln und der Sauce servieren.

Süßes & Desserts

Karamellisierter Apfel-Reis-Auflauf

Für den Auflauf:
1 EL Rosinen
2 EL Rum
75 g Rundkornreis (Milchreis oder Risottoreis)
½ Vanilleschote
½ l Milch
2 cm Zimtrinde
Salz
je 1 Streifen unbehandelte Zitronen- und Orangenschale
½ großer Apfel
20 g Butter
2 Eier
40 g Zucker
1 EL geröstete Mandelblättchen
Butter und Zucker für die Förmchen

Für die Apfelspalten:
2 kleine Äpfel
1 TL Puderzucker
⅛ l Apfelsaft
4 cl Rum
20 g Butter

Zum Fertigstellen:
brauner Zucker zum Bestreuen

Für 6 kleine Soufflé-Förmchen (à 120 ml Fassungsvermögen)

1 Für den Auflauf Rosinen heiß waschen und in Rum einweichen. Den Reis in kochendem Wasser 1 bis 2 Minuten blanchieren, abgießen und mit Wasser abspülen. Die Vanilleschote aufschlitzen. Die Milch mit der Vanilleschote, Zimt, 1 Prise Salz und Zitrusschalen erhitzen. Den Reis darin bei milder Hitze 15 bis 20 Minuten weich, aber nicht zu weich kochen. Dabei sollte die Milch vom Reis vollständig aufgenommen werden. Den Reis in einer Schüssel auskühlen lassen, Vanilleschote, Zimtrinde und Zitrusschalen wieder entfernen.

2 Die Apfelhälfte schälen, halbieren, entkernen und in kleine Würfel schneiden. Mit der Butter in einer Pfanne bei milder Hitze anschwitzen. Rumrosinen zu den Apfelwürfeln geben und durchschwenken.

3 Den Backofen auf 170 °C vorheizen. Eier trennen. Eigelb mit 1 Esslöffel Zucker schlagen, bis die Masse hellgelb ist, und unter den Reis mischen. Das Eiweiß mit dem restlichen Zucker steif schlagen und mit Apfelwürfeln, Rosinen und Mandeln vorsichtig unterheben.

4 Die Soufflé-Förmchen gleichmäßig mit etwas zerlassener Butter einpinseln und mit Zucker ausstreuen, überschüssigen Zucker ausklopfen. Die Förmchen zu drei Viertel mit der Reismasse füllen. Im heißen Wasserbad im Ofen in etwa 25 Minuten fest werden lassen. Falls der Auflauf zu schnell braun wird, die Temperatur des Ofens etwas reduzieren. Die Soufflés aus dem Ofen nehmen und etwas abkühlen lassen.

5 Für die Apfelspalten die Äpfel waschen, vierteln, entkernen und in 1 cm breite Spalten schneiden. Puderzucker in einer Pfanne bei mittlerer Hitze karamellisieren lassen. Die Äpfel dazugeben, 1 bis 2 Minuten anbraten und aus der Pfanne nehmen. Mit Apfelsaft und Rum ablöschen und auf die Hälfte reduzieren lassen. Butter darin schmelzen lassen, die Apfelspalten dazugeben, in der Sauce wenden und warm halten.

6 Zum Fertigstellen die Grillfunktion des Backofens einschalten. Die Soufflés mit einem Messer vom Rand der Förmchen lösen und auf eine gebutterte ofenfeste Form stürzen. Die Oberfläche gleichmäßig mit etwas braunem Zucker bestreuen und unter dem Grill auf der mittleren Einschubleiste karamellisieren lassen. Die Reisaufläufe mit den Apfelspalten auf Desserttellern anrichten.

Rohrnudeln mit Pralinensauce

Für die Rohrnudeln:
25 g Hefe
2 TL Zucker
1/2 l Milch
500 g Mehl
1 Ei
Salz
1 Msp Vanillemark
1 Msp abgeriebene unbehandelte Zitronenschale
50 g flüssige Butter
120 g Butter
Puderzucker zum Bestäuben

Für die Pralinensauce:
125 g Bitterschokolade oder dunkle Kuvertüre (mind. 60 % Schokoladenanteil)
125 g Nougat
200 g Sahne
2 cl Mandellikör

Für 8–10 Personen

1 Für die Rohrnudeln die Hefe mit Zucker und 4 Esslöffeln lauwarmer Milch glatt rühren. Das Mehl in eine große Schüssel geben und eine kleine Mulde in die Mitte drücken. Die Hefemilch hineingeben und mit etwas Mehl vermischen. Die Schüssel mit einem Küchentuch bedecken und den Vorteig für etwa 15 Minuten an einen warmen Ort stellen, bis er aufgegangen ist und Blasen wirft.

2 Das Ei verquirlen und mit der restlichen Milch, 1 Prise Salz, Vanillemark, Zitronenschale und der flüssigen Butter in die Schüssel geben. Den Teig mithilfe einer Küchenmaschine so lange kneten, bis er glatt und elastisch ist. Er sollte sich vom Schüsselrand lösen.

3 Den Teig mit einem Küchentuch bedecken und mindestens 30 Minuten an einem warmen Ort gehen lassen, bis er sich etwa verdoppelt hat. Dann den Teig aus der Schüssel nehmen, kurz durchkneten, in etwa walnussgroße Stücke teilen und zu Kugeln formen.

4 Die Butter in einem Topf bei milder Hitze schmelzen, die Kugeln darin rundum wenden und nebeneinander in eine Auflaufform setzen. Den Teig nochmals 15 Minuten gehen lassen. Den Backofen auf 180 °C vorheizen.

5 Rohrnudeln auf der mittleren Einschubleiste im Backofen in 35 Minuten goldbraun backen. Aus dem Ofen nehmen, leicht abkühlen lassen, noch warm auseinander brechen und dick mit Puderzucker bestäuben.

6 Für die Pralinensauce Schokolade und Nougat in kleine Stücke schneiden. Die Sahne einmal aufkochen lassen und über die Schokoladen-Nougat-Mischung gießen. Kurz stehen lassen, langsam glatt rühren und mit dem Mandellikör abschmecken. Die warme Sauce mit den Rohrnudeln servieren.

» Für eine etwas weniger gehaltvolle Sauce kann ein Teil der Sahne durch Milch ersetzt werden. «

Schokoladencreme mit Orangensauce

Für die Schokoladencreme:
100 g Bitterschokolade (mind. 60 % Schokoladenanteil)
200 g Sahne
1 Msp Lebkuchengewürz
1 Msp abgeriebene unbehandelte Orangenschale
1 EL Kakaopulver zum Bestäuben

Für die Orangensauce:
3 große Orangen
1 TL Puderzucker
300 ml frisch gepresster Orangensaft
20 g Zucker
¼ aufgeschlitzte Vanilleschote
2 cm Zimtrinde
1 Streifen unbehandelte Orangenschale
½ TL Speisestärke
2 cl Orangenlikör
einige Tropfen Zitronensaft

Für 4 Personen

1 Für die Creme etwas Wasser in einem Topf zum Sieden bringen. Die Bitterschokolade in kleine Stücke hacken und in einer großen Schüssel im Wasserbad schmelzen, dabei gelegentlich umrühren.

2 In der Zwischenzeit die Sahne fast steif schlagen. Das Lebkuchengewürz und die Orangenschale unter die Schokolade rühren.

3 Die geschmolzene Schokolade aus dem Wasserbad nehmen. Ein Viertel der Sahne mit einem Schneebesen unter die geschmolzene Schokolade ziehen. Die restliche Sahne nach und nach unterheben, sodass eine halbfeste Mousse entsteht. Falls die Masse sich nicht gleichmäßig verbindet, die Schüssel wieder auf das Wasserbad setzen und die Creme darauf leicht erwärmen. Die fertige Creme in kleine Förmchen oder Gläser füllen und im Kühlschrank 2 Stunden fest werden lassen.

4 Für die Orangensauce die Orangen mit einem scharfen Messer so schälen, dass auch die weiße Haut dabei entfernt wird. Die Orangenfilets zwischen den Trennhäuten herausschneiden und in eine Schüssel geben. Den dabei entstehenden Saft auffangen.

5 Puderzucker in einem kleinen Topf bei milder Hitze karamellisieren lassen. Mit 200 ml Orangensaft ablöschen, Zucker, Vanilleschote, Zimtrinde und Orangenschale dazugeben und den Saft auf etwa die Hälfte reduzieren lassen. Speisestärke mit 2 Esslöffeln Orangensaft glatt rühren. Die Flüssigkeit damit binden und noch 2 Minuten sanft köcheln lassen. Vom Herd nehmen, durch ein Sieb gießen, den restlichen Orangensaft dazugießen, leicht abkühlen lassen und die Orangenfilets in die Sauce geben. Die Sauce mit Orangenlikör und einem Spritzer Zitronensaft abschmecken.

6 Kurz vor dem Servieren die Schokoladencreme mit etwas Kakaopulver bestäuben. Die Sauce separat dazu reichen.

» Für eine besonders schmelzende Konsistenz sollte man die Schokoladencreme 30 Minuten vor dem Servieren aus dem Kühlschrank nehmen. «

Lauwarme Apfeltartes

Für die Haselnusscreme:
60 g Marzipan
1 Eiweiß
10 g weiche Butter
10 g gemahlene Haselnüsse
1 EL Rum

Für die Apfeltartes:
150 g Blätterteig (tiefgekühlt)
2 mittelgroße Äpfel
30 g Butter
2 TL Zucker
¼ TL gemahlener Zimt
3 EL Apfelgelee

Für 4 Personen

1. Für die Haselnusscreme Marzipan mit Eiweiß, weicher Butter, gemahlenen Haselnüssen und Rum mit dem Stabmixer glatt rühren.
2. Für die Apfeltartes den Ofen auf 180 °C vorheizen. Blätterteig kurz auftauen lassen, etwa 2 mm dick ausrollen, vier Kreise von je 9 cm Durchmesser ausstechen und auf ein mit Backpapier ausgelegtes Blech setzen. Dünn mit Nusscreme bestreichen, dabei einen Rand lassen.
3. Die Äpfel schälen, halbieren, entkernen und in sehr dünne Scheiben schneiden. Die Apfelscheiben kreisförmig dachziegelartig auf die Nusscreme legen. Die Butter in Stückchen darauf verteilen, Zucker mit Zimt mischen und darüber streuen. Auf der mittleren Einschubleiste des Ofens in etwa 15 bis 20 Minuten backen, bis der Boden auf der Unterseite goldbraun und kross ist.
4. Das Apfelgelee mit 1 Teelöffel Wasser verdünnen und in einem kleinen Topf bei milder Temperatur erhitzen. Die Apfeltartes mit dem Gelee bestreichen und noch warm servieren.

Mohnparfait mit Marzipan

50 g Mohn
50 g Marzipan
1 Ei
4 Eigelb
150 g Blütenhonig
Mark von 1 Vanilleschote
500 g Sahne

Für 4 Personen

1. Den Backofen auf 170 °C vorheizen. Den Mohn auf einem Blech im Ofen ohne Fettzugabe rösten, bis er zu duften beginnt. Abkühlen lassen und mahlen.
2. Marzipan und Ei glatt rühren und zusammen mit dem Eigelb, Honig und Vanillemark in eine Schüssel geben. Im Wasserbad zu einem feinporigen, hellgelben Schaum (Sabayon) aufschlagen, der maximal eine Temperatur von 80 °C haben darf. Schüssel aus dem Wasserbad nehmen und so lange weiterschlagen, bis die Masse wieder kalt ist. Die Sahne halbfest schlagen und mit dem Mohn unter die Eimasse ziehen.
3. Eine Terrinen- oder Kastenform von 1,2 Liter Inhalt leicht einölen und mit Frischhaltefolie auslegen. Die Parfaitmasse hineinfüllen, für mindestens 5 Stunden im Tiefkühlgerät gefrieren lassen.
4. Zum Servieren das Parfait aus der Form stürzen und in Scheiben schneiden. Dazu passen eingelegte Portweinfeigen oder Kirschen.

Kürbis-Bayerischcreme mit Himbeersauce

Für das Kürbispüree:
200 g Muskatkürbisfleisch
1 EL Puderzucker
100 ml leichter Weißwein
1 Scheibe frischer Ingwer
3 Zacken Sternanis
2 cm Zimtrinde
je 1 Streifen unbehandelte Zitronen- und Orangenschale
1 TL Zitronensaft
30 g Zucker
1/4 aufgeschlitzte Vanilleschote
1 Blatt Gelatine
1 EL Orangenlikör

Für die Bayerischcreme:
4 Blatt Gelatine
6 Eigelb
70 g Puderzucker
1 Msp Vanillemark
1 EL Orangenlikör
400 g Sahne
1 Eiweiß
Salz

Für die Himbeersauce:
300 g reife Himbeeren (ersatzweise tiefgekühlte Himbeeren)
50–60 g Zucker
1 TL Zitronensaft

Für 4 Personen

1. Für das Püree das Kürbisfleisch in 1 bis 2 cm große Würfel schneiden. Den Backofen auf 180 °C vorheizen. Den Puderzucker in einer Pfanne bei mittlerer Hitze karamellisieren lassen, die Kürbiswürfel dazugeben, kurz anschwitzen und mit dem Weißwein ablöschen. Kürbis mit Sud in einer Reine oder Auflaufform verteilen. Ingwer, Sternanis, Zimt, Zitrusschalen, Zitronensaft, Zucker und Vanilleschote dazugeben und mischen. Im Ofen gut 30 Minuten schmoren, bis der Kürbis sehr weich und die Flüssigkeit fast vollständig verdampft ist.

2. Die Gewürze entfernen, den Kürbis pürieren und durch ein feines Sieb streichen. 100 g vom Püree abnehmen, den Rest anderweitig verwenden. Das Gelatineblatt in kaltem Wasser einweichen und gut ausdrücken. Orangenlikör in einem kleinen Topf erwärmen, vom Herd nehmen, die Gelatine darin auflösen und in das Kürbispüree rühren. Bei Zimmertemperatur auskühlen, aber nicht stocken lassen.

3. Für die Bayerischcreme Gelatine in kaltem Wasser einweichen. Eigelb mit der Hälfte des Puderzuckers und dem Vanillemark schlagen, bis die Masse hellgelb ist. Orangenlikör wie oben beschrieben erwärmen, die Gelatine ausdrücken, darin auflösen und unter die Masse rühren.

4. Die Sahne halbsteif schlagen. Das Eiweiß mit 1 Prise Salz und dem restlichen Puderzucker zu cremigem Schnee schlagen und rasch unter die Sahne heben. Das Ganze vorsichtig mit der Eigelbmasse mischen. Knapp die Hälfte der Mischung unter das Kürbispüree ziehen. Weiße Bayerischcreme bis zur Weiterverwendung bei Zimmertemperatur stehen lassen. Gekühlte Gläser zur Hälfte mit der Kürbiscreme füllen und die Creme im Kühlschrank kurz fest werden lassen, mit der weißen Bayerischcreme bedecken. Wieder in den Kühlschrank stellen und für mehrere Stunden kühl stellen.

5. Für die Sauce frische oder aufgetaute Himbeeren mit Zucker bestreuen und mit Zitronensaft beträufeln. Im Mixer pürieren, durch ein feines Sieb streichen und eventuell mit etwas mehr Zucker abschmecken. Die Bayerischcreme mit etwas Himbeersauce anrichten und nach Belieben mit einigen frischen Himbeeren und Engelshaar (feinen Karamellfäden) garnieren. Restliche Sauce separat dazu reichen.

Kartoffel-Quark-Tascherl mit Holunderragout

Für den Teig:
140 g Quark
30 g weiche Butter · 30 g Zucker
1 Msp abgeriebene unbehandelte Zitronenschale
Mark von 1 Vanilleschote
1 Eigelb
200 g durchgedrückte, ausgekühlte Kartoffeln
30 g Kartoffelstärke

Für die Füllung:
1 reife, feste Birne
20 g Butter · 2 TL Puderzucker
2 cl Williamsbrand

Für das Holunderragout:
10 g Speisestärke
200 ml Rotwein · 100 g Zucker
200 g reife Holunderbeeren
1/2 Vanilleschote
je 1 Streifen unbehandelte Zitronen- und Orangenschale
2 cm Zimtrinde
1 große Birne · 200 g Pflaumen
1 TL Zitronensaft

Zum Fertigstellen:
doppelgriffiges Mehl · Salz
80 g frisch geriebenes Weißbrot
80 g Butter · 2 EL Zucker
1/2 TL gemahlener Zimt
Puderzucker zum Bestäuben

Für 4 Personen

1. Für den Teig ein Sieb mit einem Küchentuch auslegen. Den Quark hineingeben und abtropfen lassen. In einer Schüssel die Butter mit Zucker, Zitronenschale und dem Mark der Vanilleschote glatt rühren. Das Eigelb unterrühren. Kartoffeln und Quark unterheben. Die Stärke dazusieben und alles rasch zu einem glatten, geschmeidigen Teig verkneten. Bis zur Weiterverwendung in Frischhaltefolie wickeln.

2. Für die Füllung die Birne schälen, vierteln, entkernen und in sehr kleine Würfel schneiden. In einer Pfanne mit Butter und Puderzucker bei milder Hitze anschwitzen. Mit Williamsbrand ablöschen und abkühlen lassen.

3. Für das Holunderragout Speisestärke mit 2 Esslöffeln Rotwein glatt rühren. Restlichen Rotwein und Zucker in einem Topf bei mittlerer Hitze zum Köcheln bringen. Stärke mit einem Schneebesen einrühren und bei milder Hitze 4 bis 5 Minuten köcheln lassen. Die Holunderbeeren waschen und mit Vanilleschote, Zitrusschalen und Zimtrinde in den Topf geben. Die Birne schälen, vierteln, entkernen und in dünne Spalten schneiden. Die Pflaumen waschen, halbieren, entkernen und ebenfalls in dünne Spalten scheiden. Birnen und Pflaumen zum Holunderragout geben und kurz dünsten. Mit Zitronensaft abschmecken und etwas abkühlen lassen. Die Gewürze entfernen.

4. Zum Fertigstellen knapp golfballgroße Teigstücke zu Kugeln rollen. Eine Lage Frischhaltefolie (25 x 30 cm) mit etwas Mehl bestäuben und eine Kugel in die Mitte setzen. Ein Drittel der Folie darüber falten und die Kugel mit dem Handballen zu einem 8 bis 10 cm großen Kreis flach drücken. Die Folie aufklappen, in die Mitte des Kreises 1 Teelöffel Birnenfüllung geben. Mithilfe der Folie den Teig so zusammenklappen, dass Halbmonde entstehen. Die Ränder gut andrücken. Auf diese Weise weitere Tascherl formen.

5. Die Tascherl in reichlich siedendem Salzwasser 3 bis 4 Minuten gar ziehen lassen. In der Zwischenzeit Weißbrotbrösel mit der Butter in einer Pfanne bei milder Hitze goldbraun rösten, mit Zucker und Zimt vermischen und die fertig gegarten Tascherl darin wenden. Auf vorgewärmten Tellern anrichten, mit Puderzucker bestäuben und mit dem lauwarmen Holunderragout servieren.

Register

Bildnachweis

Coverfotos, Kapitelaufmacher und Rezeptfotos:
Walter Cimbal

Umschlaginnenseiten und Porträt S. 7:
Alexander Haselhoff

Titelrezept

Das Rezept auf der Umschlagvorderseite ist eine panierte Keule vom Stubenküken mit in Butter geschwenktem Frühlingsgemüse (für die Panade vergleiche auch Rezept S. 111).

Die Rezepte der Fernsehfolgen im Buch